修道院のお菓子と手仕事

著
早川茉莉
柊こずえ

大和書房

はじめに 修道院のお菓子と手仕事

青い空に光る尖塔《せんとう》や光をたたえたステンドグラス、ロザリオ、メダイ、修道服のシルエットやベール……。きっかけはそうしたことへの憧れでした。それがいつのころからか、あの扉の向こうにはどんな空間が広がっているのだろう、どんな世界があるのだろう、そうした興味へと広がってゆきました。

そんなある日、堀辰雄の作品を読む機会がありました。「木の十字架」という小品です。このなかに出てくる軽井沢にある小さな聖パウロ・カトリック教会。堀辰雄は、この教会についてこんなふうに書いています。

「簡素な木造の、何処《どこ》か瑞西《スイス》の寒村にでもありそうな、朴訥《ぼくとつ》な美しさに富んだ、何ともいえず好い感じのする建物である。カトリック建築の様式というものを私はよく知らないけれども、その特色らしく、屋根などの線という線がそれぞれに鋭い角をなして天を目ざしている。それらが一つになっていかにもすっきりとした印象を建物全体に与えているのでもあろうか。——町の裏側の、水車のある道に沿うて、その聖パウロ教会は立っている。小さな落葉松林《からまつばやし》を背負いながら、夕日なんぞに赫《かがや》いている木の十字架が、町の方からその水車の道へはいりかけると、すぐ、五六軒の、ごみごみした、薄汚ない民家の間から見えてくるのも、いかにも村の教会らしく、その感じもいいのである。」

そしてまた、このエッセイの冒頭には、この教会の管理をしているH氏のこんな言葉が。
「こちらで冬を過すのは、この土地のものではない私共には、なかなか難儀ですが、この御堂が本当に好きですので、こうして雪の深いなかに一人でそのお守りをしているのもなかなか愉しい気もちがいたします。……」

読み終えたあと、なぜだかわかりませんが、静かな時間と光に包まれたような気がしました。その教会が建っている高原の風景、そこにただよう「何ともいえず好い感じ」、そして、「この御堂が本当に好きですので、こうして雪の深いなかに一人でそのお守りをしているのもなかなか愉しい気もちがいたします。」と話す人の孤高の思いが心に響き、気持ちの深いところにあった扉をノックしたのかもしれません。そして、その扉は、それまで漠然とした憧れだった教会や修道院へとつながっていったのです。

＊　＊

神と共に生きることを選んだ人々が、厳しい戒律に従って暮らす場所。それが修道院です。

修道院という神聖な囲いのなかでは、厳しい戒律を守りながら、規則正しい生活が続けられています。そこにあるのは、何かを見つめながら、何かに希望を抱きながら、何かを祈りなが

ら過ぎてゆく、厳しくも豊かな日々。でも、その豊かさは、私たちが思うそれとは少し違っています。物質的なものではなく、心が満たされることによって生まれてくる静かな安らぎのようなもの、といえるのかもしれません。

修道院では、祈りの生活を続けてゆくために、自分たちの労働で生計を維持し、精神的、肉体的な健康を保ってゆかなければなりません。

そのひとつがお菓子作り。修道院で生まれたお菓子はたくさんあります。

たとえば、十六世紀、イタリアからフランスに嫁いだカトリーヌ・ド・メディシスによって伝えられたといわれるマカロン。栄養価が高く、「肉を食べない修道女にはマカロンを」の教えと共に、各地の修道院にその製法が伝わったといわれています。また、カヌレは、ボルドーの女子修道院で作られ始めたものといわれ、当時は、ろうそくの原料としても使われていた蜜蝋《みつろう》で美しい艶《つや》を出していたそうです。

日本の修道院を訪ねて

日本の修道院でも、様々なお菓子が作られています。なかには、まるで奇跡のように密やかに作り、受け継がれているお菓子もあります。

保存料や添加物を使わず、昔ながらの製法で、祈りや願いをこめて作られる修道院のお菓子は、おいしいだけではなく、安心なだけではなく、私たちの心と深く結びついた、魂の食べ物。修道院が建つ場所の自然や清らかな空気、そこに流れる時間も、そのなかに特別な何かを加味しているような気がします。

そこで、お菓子を作っている修道院を訪ね、どんな場所で、どんなお菓子が、どんな思いで作られているのかを知りたいと思いました。さらに、お菓子だけではなく、その包装紙やパッケージにも注目してみたいと思いました。

大切な誰かを思うように味わうお菓子。祈りをこめるように味わうお菓子。大切な時間のなかで味わうお菓子。食べ終わったあと、包み紙をていねいに折りたたんで箱にしまう時間のひそやかな楽しみ……。そうした周辺の出来事もそこに添えながら。

また、各修道院では、お菓子のほかに、ポストカードやロザリオ、スリッパなど、手仕事の賜物《たまもの》ともいえる雑貨類も多く作られています。そこで、本書では、お菓子だけではなく、こうした手仕事ものについても紹介しています。

この本のなかで取りあげた「修道院のお菓子と手仕事」が、読者のみなさまに、おいしくて、豊かな時間を届けてくれますように。

第一章

修道院へ。お菓子と手仕事を巡る旅

第二章

口にすると、心に光が満ちてくる。修道院の乙女菓子

第二章 きっと大切な宝物になる。

修道院の雑貨と紙もの

コラム

撮影：小檜山 貴裕　来田 猛　柊こずえ　早川茉莉
Photo: Takahiro Kohiyama Takeru Koroda Kozue Hiiragi Mari Hayakawa

修道院へ。お菓子と手仕事を巡る旅

修道院で作られているお菓子や手仕事もの、というと外国の修道院というイメージが強いのですが、日本でも、昔ながらの製法やていねいな手仕事で、お菓子や雑貨を作っている修道院はたくさんあります。

それらは、修道院の売店で販売されるほか、教会のバザーなどでも販売されていますが、多くは手作りの少量生産。それゆえ、ちょっぴり秘密めいた味わいだったり、知る人ぞ知るとっておきの使い心地のものだったりします。

しかも、その売店というのは、私たちが思うようなそれではなくて、修道院の建物の扉の奥にある一室なので、そこを訪ね、なかに入らないと出合えません。

その味や使い心地を愛する人たちによって、口から口へと伝えられてきたお菓子や手仕事を中心にした修道院を巡る旅をご一緒に。

第一章

修道院へ。お菓子と手仕事を巡る旅

I

CHAPTERS

シトー会 伊万里の聖母トラピスチヌ修道院

Saga Imari

ローカル列車に乗って伊万里の修道院に向かう途中、前方の空に見えた、雲の隙間から降り注ぐ光のシャワーのウェルカム。「天使の梯子《はしご》」に巡り合った瞬間でした。

その弾み心と共に到着した伊万里駅で感じた懐かしさ。その答えは修道院のなかでふいに見つかったのですが、地元の人でさえ滅多に訪れることがないという静かな山のなかに修道院はありました。

マリア像に迎えられて車を降りると、涼やかに吹き抜ける風と透明な光に包まれました。天使の梯子を登ってここまで辿り着いたのかしら？　そんな思いのなかで、伊万里の修道院時間が始まりました。

贈り物のような思いに包まれながら訪ねた伊万里の修道院。案内をしてくれるシスターに続いて歩きながら、背筋を伸ばして歩くその後姿やベール、修道服の裾がサッと風になびく様子に、駅で感じた思いが重なり、この光景を私は知っている、でもなぜ？　不思議な思いのなかで、自分にそう問いかけていました。その答えはふいに訪れまし

晴れ晴れとした清らかで気持ちのよい景色が広がっている

お菓子工房入り口の看板

た。須賀敦子さんの「ユルスナールの靴」でした。ミッションスクールで、シスターたちが履いていた靴の記憶――。「それをはいて、彼女たちは、背をまっすぐのばし、黒い紗のヴェールをすっっと風になびかせて歩いた」と須賀さんは書いています。衣擦《きぬず》れの音と共に感じた思いの正体は、この一文だったのです。

ところで、この修道院では、労働のひとつとして半世紀以上にわたり、お菓子が作られています。「お菓子を口にする人が幸せであるように」「それは世間でいう幸せとは少し違うかもしれませんが、心に立ち返るようなもの、その人の存在意義につながる何か。そうしたものの橋渡しになれるようにと願いながら、ひとつひとつ、祈りをこめて作っています」「お菓子作りも生き方と同じ、本物で」「原料もできるだけ上質なものを」「素材が持っているおいしさ、それは神様からいただいたもの。お菓子は心の作品。食べる人に伝わります」。

伊万里の修道院で出合い、心にしまった言葉のひとつひとつを、リネンのハンカチの皺《しわ》を伸ばすように心に広げてみました。光が差しこむ修道院の一室の情景、修道院長様の静かで清らかな語り口、シスターたちのあたたかなもてなし……。

その時間のことを思い出し、反芻《はんすう》してみると、心の中にきれいな水が湧《わ》き、やがて幸福な思いとなって全身に巡ってゆくような気がしました。この満ち足りた喜びは、シスターたちが作るお菓子の味にどこか似ています。心から心へ手渡されるお菓子だからこその、その上質な味わいに。

マーブルのリングケーキ。これからオーブンのなかへ

使い込まれたマドレーヌの型。まるで芸術品

上質な材料で作られるお菓子の数々

製菓棟の工房では、白い作業着にマスクをしたシスターたちが沈黙のうちに作業をしていました。この日のお菓子は、バター、平飼いの鶏の卵、胡桃《くるみ》、ココアを使った生地で作るマーブルケーキ。オーブンの隣に貼ってあるメモには、温度のことだけではなく、型をどのようにオーブンの中に配置するか、といったことも記されていて、そうした細やかな思いも溶けこんで焼きあがったケーキは、まるで天使のリングのように思えました。

修道院では、このほかに、マドレーヌやクッキー、ガレットなども作られています。そして、そのどれもに上質な材料が使われ、防腐剤などの添加物は一切使われていません。

また、敷地内には、水田、畑、果樹園があり、お米、野菜、みかんなどの果樹が作られています。もちろんすべて無農薬、有機栽培。こうした恵みを使って作られた寒天ゼリーもあり、こちらは季節限定（五月中旬から九月初旬まで）のお楽しみです。

素材が持っているおいしさ。
それは神様からいただいたもの

修道院の敷地の果樹園では、たくさんの果樹が実をつけている。これらの果樹は、ここで作られるお菓子やゼリーの原料となり、修道院の食卓の恵みとなる。また、椎茸の原木栽培もおこなわれている

お菓子工房では、マーブルケーキが作られていて、おいしそうな匂いが立ちこめていた。引き出物としての注文やクリスマスのために用意されたたくさんのマーブルケーキの型

シトー会 伊万里の聖母トラピスチヌ修道院
佐賀県伊万里市二里町大里甲 1-41
http://www.imari-trappistines.org
修道院売店、修道院の HP のほか、伊万里市内の
一部デパート、スーパー、観光案内所でも購入できます

'Confectionery and Handicrafts of Convents and Monasteries'
Column

修道院の一日

「日に七度、
わたしはあなたを賛美します」
（「詩篇」119：164）

修道院の一日は七回の祈りを柱とし、全員が聖堂に集まって祈ります。この七回の祈りは、聖務日課といわれ、修道院生活の骨格を成しています。

その祈りと祈りのあいだに、労働と聖なる読書（Lectio Divina）が入り、修道院の一日が織りなされています。

その一例として、伊万里トラピスチヌ修道院の一日をご紹介します。

3:30 **起床**

3:50 **夜課**（読書課）

4:30 **聖なる読書** *Lectio Divina*
祈りながら聖書を深く味わい読む

5:55 **沈黙の祈り**（黙想）

6:30 **賛課**（朝の祈り）
キリストの復活を記念する時課

7:00 **ミサ** ミサは１日の頂点。このミサから１日のエネルギーを汲み取ります

7:50 **朝食**

8:45 **３時課** 聖霊が降った時刻。聖霊をほめたたえる祈り。神の言葉の賛歌、「詩編」119 で祈ります

9:00 **労働**

11:45 **６時課** イエス・キリストが十字架に上げられた時刻

12:00 **昼食**

13:30 **９時課**
イエス・キリストが死去された時刻

13:45 **労働**

17:00 **晩課** イエス・キリストが最後の晩餐をなさった時刻

17:45 **夕食**

19:20 **終課** １日の終わりの祈り

20:30 **就床**

山口カルメル会 教会の母マリア修道院

Yamaguchi

礼拝堂内部

山口カルメル会 教会の母マリア修道院

JR山口線のローカル列車に乗って、山口カルメル会修道院を訪ねました。電車はのどかな景色の中をゆっくりと走り、やがて、窓外に木々が迫ってきました。このまま山のなかに吸いこまれてゆくのかと思ったら、目的地に到着。降りる人もまばらな無人駅です。

ここから車で十分余り。坂道を上がり、修道院の門を入ると、モダンな建物が出迎えてくれました。

案内されたとき、「どうぞ」と出されたスリッパの心地よい履き心地とあたたかさ。あとになって、それはそのまま、この修道院に流れる時間と空間なのだと実感したことでした。

実は用意されていたスリッパを履いた瞬間から、心がほぐれていました。これまでいくつかの修道院を取材で訪れてはいるのですが、やはり、その扉の前に立つと、ほんの少し緊張してしまうのです。

でも、扉が開き、迎えてくれたシスターのやわらかな表情に触れ、スリッパに足を入れた途端、

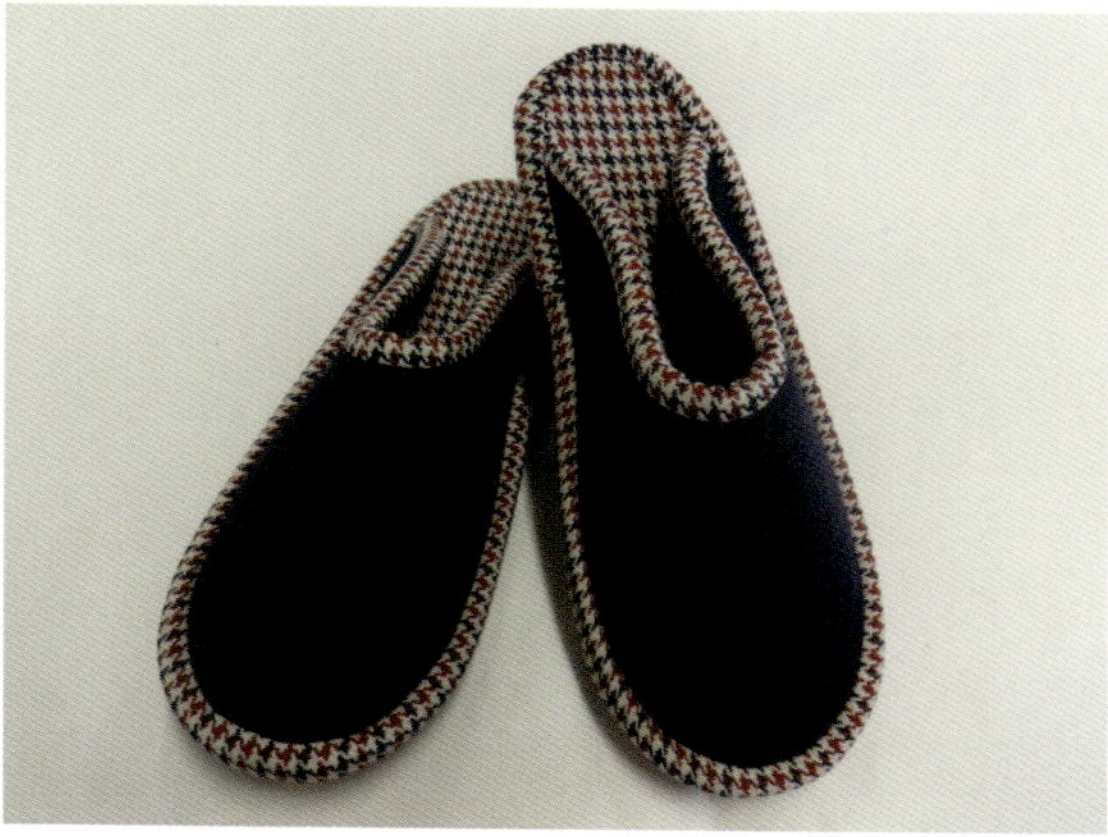

修道院製のスリッパ

シフォンケーキを作りましょう

シフォンケーキは、写真の大きなオーブンで焼く。毎週月曜日、1回に20個のシフォンケーキが焼きあがる。角型シフォンケーキは、600円（箱入りは630円）。丸型800円（箱入り850円）

緊張感も旅の疲れもどこかに消え去っていたのです。魔法のような履き心地のスリッパゆえでしょうか。それとも、修道院のなかに流れる静けさ、やわらかさゆえなのでしょうか。

この日はまず、礼拝堂に案内していただいたのですが、そのやわらかな光の線にも、同じ思いを抱きました。続いて案内していただいた食堂にも、お菓子やスリッパの作業場にも、同じようなやさしさがあふれていて、まるで神様の光、やさしさに包まれたような思いのなかにいました。

この修道院で作られているお菓子、それはシフォンケーキ。修道院で作られているお菓子といえば、クッキーやガレットのような焼き菓子をイメージしていたので、シフォンケーキと聞いて驚いたのですが、ここを訪れ、そのやわらかな雰囲気に包まれて、シフォンケーキとはまた、ここにぴったりのお菓子だなぁ、とその雰囲気との符号がしっくりと腑《ふ》に落ちました。

きっかけは、パンの作り方を習いに行った、とあるメーカーで見たシフォンケーキ。もともと卵の黄身を使った黄身菓子を作り、販売していました。その際にどうしても余ってしまう白身の使い道を考えていたこともあり、卵白を泡立てて作るこのお菓子を見て、「シフォンケーキを作りましょうか」ということになったのだそうです。

「すべてのわざには時がある」

作り始めた当初は、思いどおりの焼きあがりにならず、試行錯誤の繰り返しだったそうですが、白身の分量を調節したり、やわらかさを出すために黄身を加えたり、オーブンの火のあたりをやわらかくするなどの創意工夫を重ねて現在のレシピに。

サラダオイル、卵の白身、砂糖、卵の黄身、粉ミルク、水を使い、毎週月曜日の朝、丸型と四角の二種類のシフォンケーキが焼きあがります。そのふんわりやわらかな味わいは、ここで暮らすシスターたち、修道院の細部に宿るやさしさと決して無縁ではありません。

その後、畑にも案内していただいたのですが、有機肥料を使い、無農薬で育てられているたくさんの野菜や、光をあびてすくすく育つ果樹たち、そして、畑で作業をするシスターのまぶしい笑顔に接し、お昼にいただいたスープやサラダは、こうした旬の恵みに巡り合ったのだと知りました。

そして、修道院を訪ねた日は、偶然にもフランシスコ・ザビエルの記念日。ふと、「すべてのわざには時がある」という聖書の一節を思い出し、心のなかで時を超えた静かな会話を楽しみました。

右）使いこまれたシフォンケーキの型
左）かつては販売もしていたというパン。いまは自家用に焼いている

四角いかたちのシフォンケーキ 600円（箱入りは630円）。牛乳、卵なども厳選された上質な材料を使って作られる。やさしい味わいなので、何切れでも食べられる

上）鶏糞、生ごみ、EM 菌などを使って土作りをし、白菜、キャベツ、大根、セロリ、人参、ごぼう、ブロッコリーなど、たくさんの野菜が元気に育っている
左）敷地内の果樹園では、たくさんの種類のりんご、甘夏、デコポン、柚子といった柑橘類、いちじくなどが実をつける

農作業中のシスターのすてきな表情

山口カルメル会 教会の母マリア修道院
山口県山口市仁保中郷 103
Tel: 083-929-0264　Fax: 083-929-0268
シフォンケーキ、スリッパ、カードは、
HP、はがき、Fax で注文できる
http://carmelyamaguchi.web.fc2.com/index.html

修道院の屋根と風になびくレモンユーカリの木

福岡カルメル会 カルメル山の聖母修道院

Fukuoka

修道院の建物のまわりにはたくさんのハーブが植えられていて、まるで外国の修道院のような風景が広がっている

修道院の作物を獣害から守っている犬の玄也（ゲンヤ）、通称ゲン。猪を追うことが得意な屋久島犬の血が流れているという

福岡市西区今宿《いまじゅく》。海風の匂いを背に、遠くの山を見上げると、赤いとんがり屋根が見えます。そこが伊都《いと》の丘・上ノ原《かみのはる》に建つ福岡カルメル会修道院です。

その門をくぐると、風に乗ってローズマリーの香りが……。十字架をいただいた屋根の下には、建物を取り囲むようにたくさんのハーブが風になびいています。これが噂《うわさ》に聞いていた修道院の薬草園なのだと思いました。

ドアベルを押す前に、ハーブの香りをからだいっぱいに吸いこんで深呼吸。少し積もりかけていた疲労感がふわっと溶けて、フランスの詩人、ルミ・ド・グールモンの詩の一節が、豊かに香《かぐわ》しく心に流れてきました。

ここで暮らすシスターたちが祈りを捧げる日の出のころ、夜露に濡れた葉は宝石のひと粒のようなきらめきに包まれ、輝き始めるのでしょう。そして、澄んだ歌声や祈りの言葉を子守唄のように聞きながら、ゆっくりとその葉を茂らせてゆくのでしょう。修道院の建物の周囲に植えられたたくさんのハーブを眺めながら、そんなビジュアルを脳裏にイメージしました。こうしたハーブは言葉以上のメッセージを心に送り届けてくれます。

福岡カルメル会修道院の庭で、とりわけ元気に育っているのがローズマリー。このハーブが薬草であることを発見したのは修道士だったといわれています。そしてまた、キリストが生まれたとき、近くに咲いていた花のひとつで、魂の救済を意味するハーブであり、聖母マリアを守ったとも。

そうした史実に「緑の草木は神様からの贈り物」という薬草療法の大家、モーリス・メッセゲの言葉を重ねながら、そのフレッシュな香りを深く吸いこみました。

ここには、ハーブに詳しいシスターがいて、育てるだけではなく、お茶にしたり、芳香蒸留水にしたり、ハーブソルトを作ったりと、敷地内に育つハーブが大切に使われています。

上質な味わいのお菓子たち

ハーブの香りに導かれて建物の奥に入ると、甘い香りに包まれました。お菓子を作っている厨房

無農薬・有機肥料で栽培されている柑橘類（レモン、福原オレンジ、甘夏みかん、八朔など）

からの香りです。

取材時は、早朝三時から祈りと共に仕込みを始めたという種を使って、三人のシスターたちが白い割烹着《かっぽうぎ》姿でゴーフルを焼いていました。

種を型に流し、焼きあがるとそれを網に乗せ、最後にベテランのシスターが、一枚ずつきれいに切りそろえてゆきます。焼くのは機械ですが、それ以外の細かい作業は、すべてシスターによる手作業です。

福岡カルメル会修道院では、ゴーフルのほか、胡桃やリンゴ、カルメルの丘に育つ柑橘類を何ヶ月もかけて漬けこんだものを使ってしっとりと焼きあげられたフルーツケーキやオレンジケーキ、チョコレートケーキ、カップケーキなども作られています。そして、そのどれもが、口に入れると、そこにこめられたシスターたちの祈りの気持ちやエネルギーとも相まって、気持ちがやさしく溶けてゆくようなとびっきりのおいしさ。それをもたらした自然、作ったシスターの手、心のぬくもり。どれをとっても、かけがえのない上質の味わいです。

もう50年近くもお菓子作りに従事しているというシスターのやさしい笑顔

焼きあがったばかりのゴーフル。このあと、周囲にはみ出した部分を取り、さらに１枚ずつ周囲をはさみできれいに切りそろえて完成。甘くてサクッとした極上の味わい。１枚 150円

右）修道院で漬けこんだ胡桃やフルーツが使われたフルーツケーキ。１本 1000円
左）ベルギーの修道院由来の薄焼きのゴフレット
下）胡桃がたっぷりと入ったチョコレートケーキ １本 1000円

福岡カルメル会 カルメル山の聖母修道院
福岡県福岡市西区今宿上ノ原３
Tel：092-807-7361　Fax：092-807-7502
購入希望者は、９時から５時くらいまでのあいだに

'Confectionery and Handicrafts of Convents and Monasteries'
Column

修道院のお昼ごはん

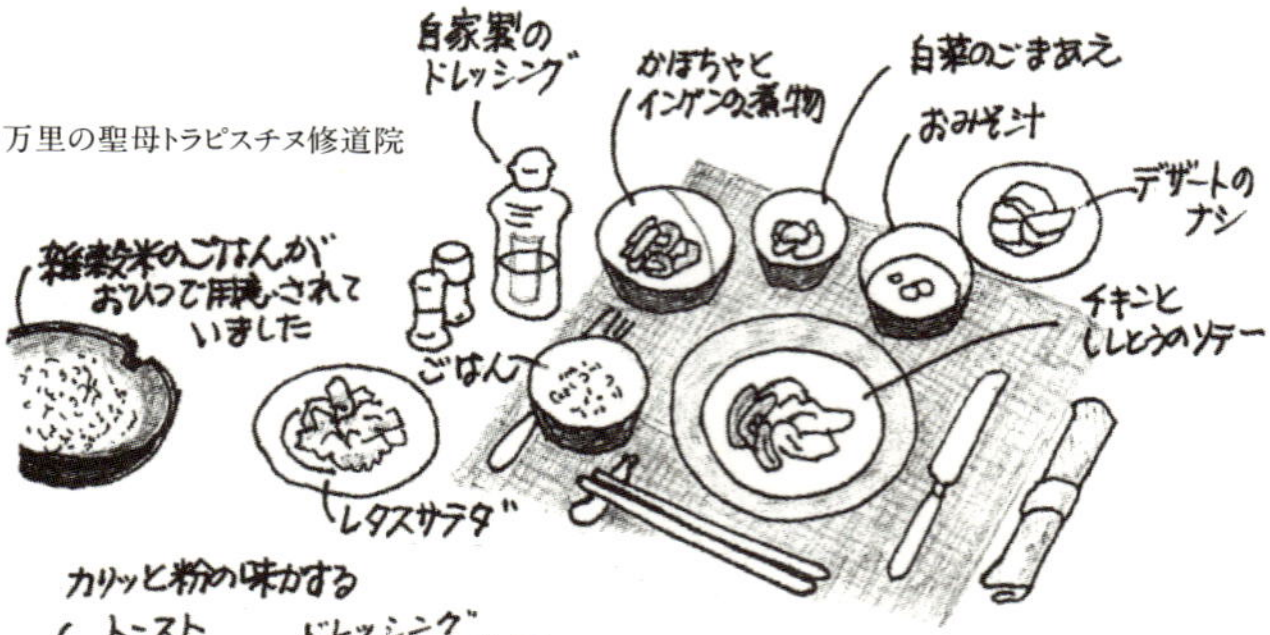

シトー会 伊万里の聖母トラピスチヌ修道院

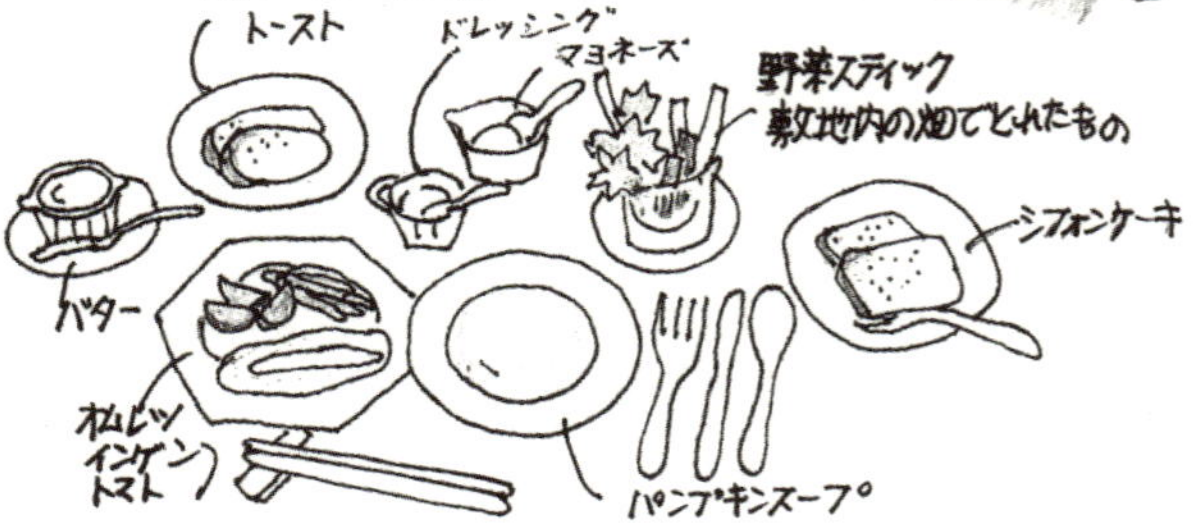

山口カルメル会 教会の母マリア修道院

この本の取材を通して、修道院のお昼ごはんを味わう機会に恵まれました。といっても、シスターたちと一緒の食事ではなく、別室にゲスト用として用意されたものです。取材の申しこみをしたとき、「よろしければ食事をご用意しますので」といううれしいオファーをいただき、遠慮なくご馳走《ちそう》になることにしたのです。

修道院に着き、「どうぞ」と案内された部屋のテーブルには白いテーブルクロスがかけられ、ナイフとフォークがセッティングされていました。そして、テーブルには季節の花が。もてなしの心が随所に感じられる気持ちのよい食卓でした。

シスターたちは野菜や果物を中心としたメニューですが、ゲスト用にはチキンなどの肉料理がメインディッシュとして用意され、添えられている野菜や果物などは、修道院の農園で栽培されたもの。そのすべてが心をこめて整えられていました。

静かな空間でいただく修道院のお昼ごはんは、忘れられない思い出の味となりました。光るごはん粒や粉の味がするトースト、みずみずしい野菜や修道院特製のドレッシング……。そして、シスターの手作りのデザート。季節に添い、その時々に必要なものを食べることが人の食性にあった食べ方。そんな大切なことを思い出させてくれるやさしい味のごはんでした。

京都カルメル会　お告げの聖母修道院

Kyoto

　京都カルメル会修道院は、西に金閣寺、東に五《ご》山《ざん》の送り火のひとつである金閣寺大北山《おおきたやま》（大文字山）、という実に京都らしいロケーションのなかにあります。その入り口は、金閣寺からは逆一方通行ということもあってか、人通りは少なく、気をつけていないと見逃してしまいそうなほど。

　春は桜が美しく、秋は紅葉が空を染める物語のなかに出てくるような坂道をのぼったところに修道院はあり、入口から見上げる先に青い空の切れ端は見えても、その姿を見ることはできません。歩いて、のぼって、視界が開けたその先に、やっとカルメル会修道院という札が掲げられた門と建物を見ることができるのです。


　門を入り、入り口のブザーを押すと、なかから修道服に身を包んだシスターが戸を開けてくれました。

「お菓子を買いたいのですが」と告げると、案内されたのは、応接室のような一室。木像のマリア様が飾られたその部屋の一角に、この修道院で作られているお菓子が用意されていました。売店の

たっぷりのチーズが入ったチーズゴフレット。1袋400円。お茶請けとしてだけではなく、お酒のアテにもぴったり。このゴフレットは、いまも手焼きで作られている

ようなものがあると思っていたのですがそうではなく、大切なものをそっと見せてもらう……そんな感じ。

こんなに静かな場所で、こんなに静かにつつましくお菓子が販売されていることに驚き、何かそっと秘密のやり取りをしているような気持ち、大切な瞬間に立ち合っているような気持ちになりました。大切なものやすてきなものは、こんなふうにひっそりと手渡され、その人の記憶に光を灯すようにして受け継がれてゆくのでしょう。

ここのお菓子の缶がずっと好きだったことを伝えると、「でも、ほかのお店のものはとてもすてきで、それには敵《かな》いません。ですので、パッケージにお金をかける分を少しでもお客様に、という気持ちでおります」という返事がかえってきました。ここではこんな当たり前のことが大切にされているのです。

修道院では、作るものはすべて、細やかに気を配り、愛情と祈りをこめて作られます。販売されているお菓子類もそう。添加物を一切使用せず、シンプルな材料だけで、日々、手焼きに祈りをこめて作られているのです。

門外不出のレシピで焼かれる焼菓子

贈り物にもピッタリの缶入りの詰め合わせ。小・中・大・特大のサイズがある。写真は中缶 2300円のもので、全種類のお菓子が詰め合わされている

カルメル・ゴフレットとシャルロット（中央）。修道院のほか、タキノ酒店（P89 参照）でも購入できる

お菓子やポストカードなどはここで購入する

門外不出のレシピで

十六人のシスターたちは、畑仕事や台所、裁縫や大工仕事をしながら、日々のスケジュールのなかで焼き菓子が常にそろうように調整しているといいます。

その日のメンバーは、朝の食事が終わるとお菓子作りに取りかかり、十一時二十分の祈りが始まるまでの午前の時間をそれに当て、静かに祈りを捧げながら作業を続けます。

ベルギー人によって創立されたこの修道院でお菓子が作られるようになったのは、五十年近く前のこと。何か生活の糧《かて》になるものを、と手探りで考えてゆくうちに、ベルギーの家庭で作られているお菓子を作ろうということになったのです。

幸いにもその当時、この修道院にはお菓子作りの好きなシスターが入会していて、ベルギーから取り寄せた機材を使って、あれこれ工夫して生まれたのが、いまも人気のゴフレットなどのベルギー風焼き菓子でした。それは、半世紀近くたったいまも変わることなく、同じ製法で作られ続けています。そして、そのレシピは門外不出なのです。

京都カルメル会修道院へはこの階段を上がるのが近道。春には若葉に包まれながら、秋には落ち葉の音を聞きながら。修道院の敷地から眺めると、はるか向こうに京都タワーを見ることもできる

京都カルメル会 お告げの聖母修道院
京都府京都市北区大北山鏡石町1-2
Tel: 075-462-6764　Fax: 075-467-2592
お菓子の購入は、門が開く朝の5時から門が閉まる夕方の6時まで

1969年、村野藤吾によって建てられた修道院のお御堂内部

シトー会 西宮の聖母修道院

Nishinomiya

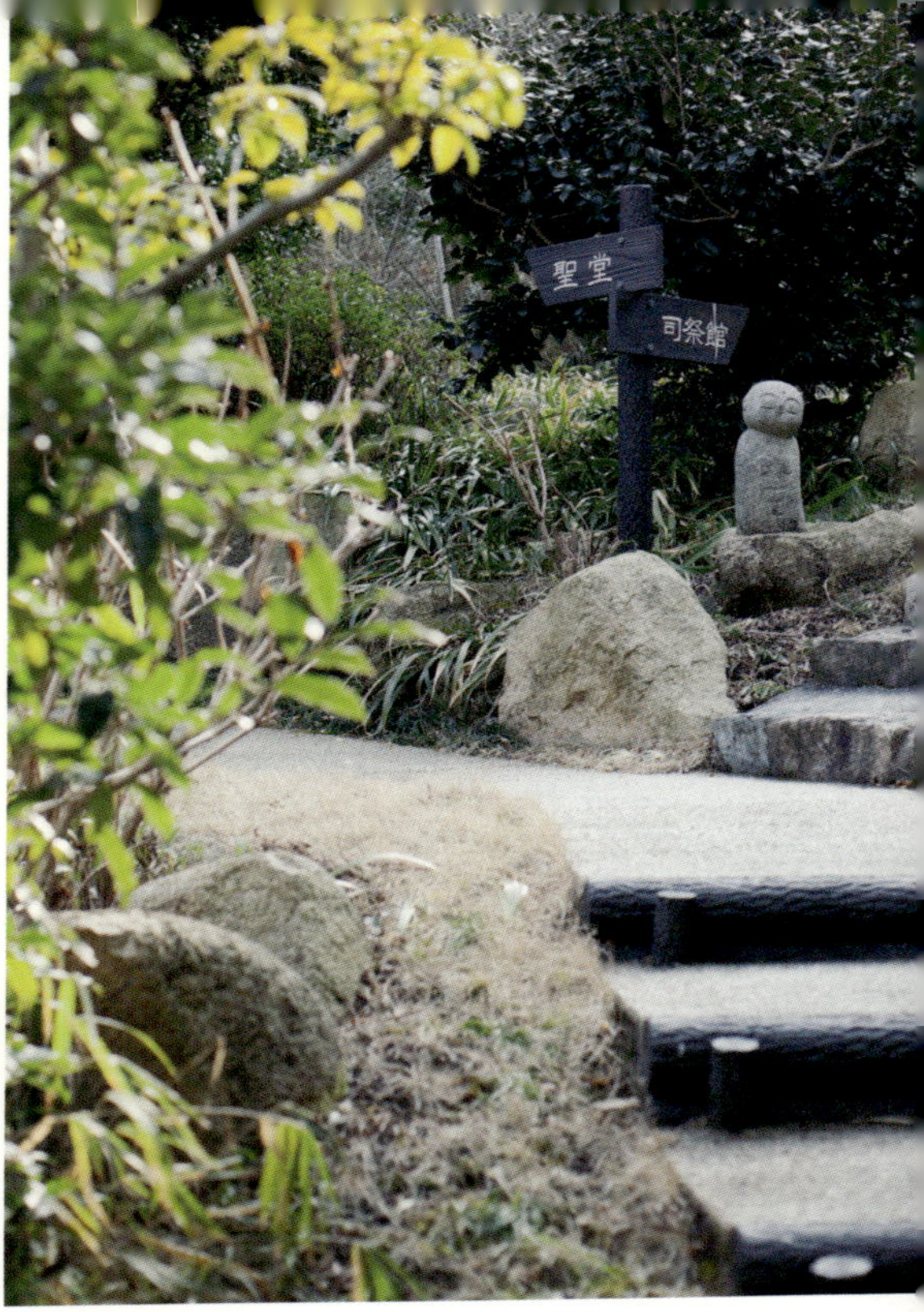

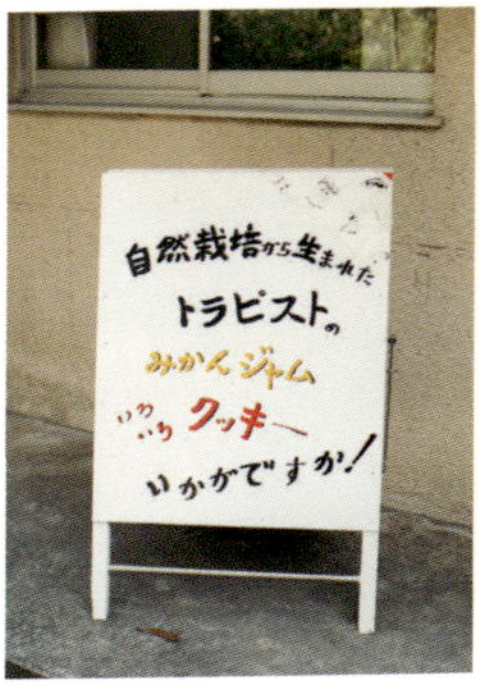

修道院の受付にある看板

木立ちに囲まれた修道院の敷地内にある看板

阪急電車の夙川《しゅくがわ》駅から鷲林寺《じゅうりんじ》を目指してバスに乗ると、夙川の街並みを抜け、カーブが続く坂道をバスは甲山《かぶとやま》を目指して走ります。目的地の鷲林寺のバス停に近づくにつれ、車窓からは山や畑が見え、その長閑《のどか》な田園風景を眺めていると、ちょっとした遠足気分。

鷲林寺で降りると、遠足気分をハイキング気分に変換して坂道をのぼり、さらには、小鳥のさえずりを道案内に、森のなかの小道をひたすらのぼること、およそ十五分。日常空間からきっぱりと切り離された緑あふれる木立ちのなかに、村野藤吾設計によるモダニズム建築で知られる、西宮の聖母修道院の建物が見えてきました。

「お菓子作りも祈りのひとつのかたちなのです」。

祈りと祈りのあいだの労働の時間にお菓子を？という問いかけに対するシスターの答えです。澄んだ目で、清らかな声で、でも、静かできっぱりとした言葉でした。

実は、わずか三十分ほどとはいえ、さっきまで自分が身を置いていた都会の日常を抜けて、山麓《さんろく》の静謐《せいひつ》な木立ちのなかの修道院に辿り着く時間のなかで、からだ中の細胞が洗い清められるような不思議な体験をし、何ものかに祈りたいような気持ちになっていました。ですから、「祈りのひとつのかたち」というシスターの言葉はスッと心に届きました。修道院の一日は祈りと共にあり、祈りそのもの。労働もまた祈りなのです。

Ora et Labora 祈り、働け。

この言葉に従い、作られる　本物のお菓子。

魂に響き、人を幸せにするお菓子

ここ、シトー会西宮では、二十二歳から九十六歳までの四十四人のシスターたちが、静寂のなかで神に祈り、神と対話する日々を送っています。この祈りの生活を続けてゆくための労働のひとつであるお菓子作り。

この仕事に従事しているのは、十人のシスターたち。クッキー、ガレットなど、二十種類ものお菓子が作られているのですが、それは、沈黙のうちに神と対話しながらの作業です。また、口にする人たちに喜んでもらえるように、という祈りの作業でもあります。

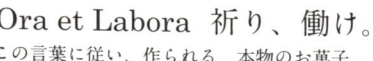

実は、ここのお菓子がずっと好きでした。私にとってそれは、秘密の宝物のような存在。大切に守り続けられたレシピに従っててていねいに作られているせいか、おいしいだけではなく、心にじんわり効くのです。五感で味わうおいしいお菓子は星の数ほどありますが、ここのお菓子は、魂に響くお菓子、すてきな記憶を刻み、人を幸せにするお菓子、そんなふうに思えるのです。

また、添加物などのまがいものが使われていないことや――たとえば、ガレットに使われるのは、小麦粉、砂糖、卵黄、バター、天塩、ベーキングパウダー。みかんジャムには、みかん、砂糖、レモン――使われている果樹は敷地の果樹園からの恵みで、それがなくなったら、その年の分はお終い。そうした姿勢の清々《すがすが》しさもすてきです。

静かな山麓の修道院で、シスターたちが日々心をこめてお菓子を作り続けているという奇跡のような現実。取材をとおして好きだったお菓子の向うに広がる物語に触れ、この祈りのお菓子を口にするたびに、シスターの姿やその静かな佇《たたず》まい、建物を囲む森のことを思い出して心がほどけたり、あたたかい気持ちになったりするのだろうなぁ、と『星の王子さま』の物語を心に重ねて思うようになりました。

お菓子類が販売されている売店も、多くの修道院がそうであるように、自由には出入りできない扉の向こうにあります。そして、そこにある棚には、クッキーやパウンドケーキ、ジャムなど、たくさんの種類のお菓子類、シスターがひとつひとつ手作りした愛らしい小物、手編みの帽子などが美しい気持ちを纏《まと》って並んでいます。

花クッキーとオリジナルの包装紙。花クッキー 90g 380円。人気があるのは、様々なクッキーが詰め合わされたミックス。800円

シスターによる手描きのポストカード
1枚 100円

見た目もかわいいマーガレット。2個入り 300円

シトー会 西宮の聖母修道院
兵庫県西宮市鷲林寺町 3-46　Tel: 0798-71-8111
阪急バスまたは阪神バス鷲林寺下車徒歩 10分
購入は修道院売店のほか、夙川駅前にある夙川食品でも購入できる

西宮カルメル会修道院からの帰り道、こんな小さな洋館カフェでのお茶時間はいかが。ハッセルさんのお宅の居間で寛いでいるような、静かですてきなカフェ時間を過ごせます。カルメル会修道院から歩いても10分ほど。電車なら１駅、仁川駅で下車を。
ハッセルハウス　宝塚市仁川北 3-4-13　0798-53-3941　12時～18時　オープンは、月・金・日

恋するように歩きたい街。岡本・仁川・夙川

岡本駅から徒歩２分。道沿いにあるパン屋さん、フロイン堂。レンガの窯で焼いた食パンは予約をしたほうが確実。
神戸市東灘区岡本 1-11-23
Tel: 078-411-6686
9時～19時　日・祝日休

フロイン堂の食パンは1本 780円

修道院のお菓子が買える店

阪急神戸線の夙川駅近くにある夙川食品。酒屋さんなのですが、ここでシトー会西宮の聖母修道院のお菓子やジャムが販売されています。店頭にないお菓子やジャムも、あらかじめ予約しておけば修道院から取り寄せてもらうことも可能。駅のそばなので、電車に乗る前にここで手土産に修道院製のお菓子を買うお客さんも多いそうです。近くにはカトリック夙川教会があります。
西宮市羽衣町10-41
0798-33-6936
10時～22時 水曜定休

カトリック夙川教会　西宮市霞町 5-40　0798-22-1649　尖塔が美しいネオゴシック様式の建築物で、美しいステンドグラスや鐘の音が人々に心の安らぎと祈りの場を提供しています。少年時代の遠藤周作がしばしば訪れていたことでも知られ、遠藤文学の原点といわれています。阪急神戸線夙川駅から徒歩 5 分。写真は、カトリック夙川教会の HP より

小さな寄り道

修道院の余韻のなかで。

西宮の修道院からの帰り道、その余韻を胸に、ちょっと足をのばして夙川・岡本散歩など。すてきな風景や場所、お店が星座のように鏤《ちりば》められたこの街では、修道院のお菓子+帰ってからのお楽しみが見つかること請け合いです。

たとえば神戸・岡本。「山麓リボンの道」と名づけられた坂道を歩けば、レンガの窯でパンを焼くパン屋さんや絵本の中から抜け出してきたようなおいしい「ここあのもと」をテイクアウトできるカフェ、心に残る一冊が見つかる児童書の専門店など、お気に入りの店やモノに、恋するように出合えるはず。

小さな寄り道で、修道院時間のすてきな締めくくりをどうぞ。

自分にとっての大切な 1 冊に出合える
児童書専門店
ひつじ書房
神戸市東灘区岡本1- 2- 3
078-441-6869
10 時～ 19 時　木曜定休

珈琲館
神戸市東灘区岡本 1-10-16　078-441-0690
9 時～ 19 時 第 3 金曜日休
「ここあのもと」は、300ml　1 本 1000 円

西宮カルメル会 聖ヨゼフ修道院

Nishinomiya

映画の舞台にもなった阪急今津線に乗って甲東《こうとう》園《えん》の駅まで。

修道院を目指し、静かな住宅街を歩いていると、通り沿いに現れる木立ちを背にしたお屋敷門。立ち止まると、そこに「カルメル会修道院」という表札が掲げられていました。

重い扉を開けて木漏れ日のなかを進むと、駅から数分歩いただけなのに、秘密の花園へ迷いこんだような気分。時折聞こえる木々の葉が風に揺れる音と小鳥の鳴き声に導かれた先には、水色の窓枠の洋館が建っていました。

アプローチを辿った先に姿を現したのは、木立ちに囲まれた古い洋館。物語の中に出てくるような優美でクラシックな西宮カルメル会修道院の建物です。

「そっちへ行くと何かあるんですか?」

昔読んだエッセイにあった言葉をふいに思い出しました。旅の出会いのひとコマ。方向違いの道を歩いてくる青年に出会った女性が「そっちへ行くと……」と質問したところ、

「別に何もありませんが、木漏れ日がとてもきれいですよ」というやさしい返事があったというエピソードです。

「私の眼裏に、木漏れ日のつくる動くレース模様が浮かびます」

とそのエッセイは結ばれていましたが、私の足元にも、光が織り成すレース模様が広がっていました。

幸せのかたちがそこに

西宮カルメル会修道院の魅力、それは美しい光。修道院の建物も、院内の廊下も、きらめくような光のベールを纏っていました。一九四七年の創立当時のままという建物は、窓ガラスの一枚、窓枠のひとつをとっても、クラシックという言葉がピッタリの優美さで、そこに差しこむ光が何ともいえない雰囲気を添えていました。

やがて通された部屋に運ばれてきたのは、光を集めたようなオレンジ色の八朔《はっさく》ジュース。太陽をあびて育った敷地内の果実を絞ったこのジュースのおいしかったこと！　この修道院ではお菓子の

上右）修道院の建物は木立に囲まれ、木漏れ日が美しい

木の窓枠や時代を感じさせる窓ガラス、アーチ型の廊下や窓が優美な雰囲気を醸し出している修道院内部

販売はされていないのですが、訪問客はこうした自然の恵みでもてなされ、料理が得意なシスターの心尽くしの味は、修道院の食卓に並ぶだけではなく、お土産やクリスマスの贈り物に。

　そんなひとつが冬瓜《とうがん》のジャム。畑で収穫される冬瓜は、食事の材料としてだけではなくジャムになり、タンポポのお酒のように夏を閉じこめたひと壜《びん》になるのです。

　また、この修道院では、蜜蝋を使って作られる美しいろうそくが有名で、こちらは院内の売店や教会附属の売店などで購入できます。蜜蝋はデリケートで気温の変化に敏感なので、その日その日の気温に配慮しながら熟練の技でろうそくを作り、シスターが一本一本、手作業で絵を描いてゆくのですが、『赤い蝋燭と人魚』の物語に描かれているろうそくを思わせるような不思議な力と美しさがこもっています。

　おいしいのも、すてきなのも、お金がかかったものだからではなく、心がこもっているから。そんな幸福のかたちを教わったような気がしました。

心をこめて作られる美しい手仕事もの

ヨゼフ様に見守られながらの農作業

木漏れ日が壁に美しい模様を作り出す

歌隊所。アーチ型の窓からやわらかい光が差しこむ

外部聖堂

西宮カルメル会 聖ヨゼフ修道院
兵庫県西宮市段上町 1-8-33
Tel: 0798-51-2531

敷地内の草花を使った押し花ろうそく 710円（8cm）、780円（11cm）

修道院内にある売店。書籍、ろうそく、ポストカードなどが販売されている

'Confectionery and Handicrafts of Convents and Monasteries'
Column

今津教会（旧今津基督教会館）

今津教会は、1934年竣工の国の登録有形文化財。教会の玄関上部には「今津基督教会館」という右から左書きの表記があるが、「今」という字が「亼」と記されている。また、玄関ホールの上部には、当時としては珍しかった映写室が備えられている

そばをとおるたびに、なんと品のある佇まいなのだろうと思っていました。心に光が差しこむような優美な姿のこの教会は、W・M・ヴォーリズ設計の歴史的建造物。高島市のヴォーリス通りと呼ばれる通りに建っています。

ヴォーリズが今津に伝道拠点を築くに至った資料を読むと、今津は「あのガラリアなのだと何度も思った」という彼の言葉があります。ガラリアとは、パレスチナにあるイエス・キリストゆかりの地であり、その布教のほとんどがなされたとされる地域。そこには竪琴《たてごと》を意味する別名を持つガラリア湖があり、今津には琵琶湖があります。ヴォーリズがこの地と出合い、教会を建てたのは、何かの導きだったのではないでしょうか。

町の中心に教会があり、そこに町の人たちが集う。今津教会は設立当初のそんな思いを受け継ぎ、幼稚園として使われているほか、今も市民参加のクリスマス、音楽会などがおこなわれています。

風景だけではなく、人々の暮らしにも溶けこんでいるこの教会は、実はその細部にも愛すべき特徴、秘密を秘めています。そのひとつがステージ上にある隠し部屋。クリスマスパーティーでは天井をはずしてサンタクロースが下りてきたこともあったそうです。

教会を訪ねるというのは、自分自身の小さな巡礼の旅。この礼拝堂で自分の中の心の部屋を思い、天使がそこに舞い降りてくる瞬間をそっとイメージしたことでした。

日本基督教団今津教会　滋賀県高島市今津町今津 1650-1　Tel: 0740-22-2214

修道院の建物。昭和25年にカナダから来日した修道女により創設された日本で初めてのレデンプトリスチン修道院

鎌倉レデンプトリスチン修道院

Kamakura

住宅街を歩き、橋を渡り、静かな坂道を歩きながら、鎌倉レデンプトリスチン修道院を目指します。

立ち並ぶ静かな佇まいのお屋敷の庭木、それを囲む木立ち。聞こえるのは、春を告げる鶯《うぐいす》の鳴き声ばかり。「閑静《かんせい》」という言葉がぴったりの鎌倉の住宅街。風景のひとつひとつに感じられる特別な時間の流れ、風の流れのなかで、大切な時間のなかを歩いているような気持ちになりました。

鎌倉駅から歩いておよそ十五分。静かな坂道の先に、その修道院はありました。

ある人は、これを口にすると学校帰りの坂道の物語を思い出し、ある人は、アーチ型の教会窓を思い出す。私は、落ち葉が敷き詰められた坂道の風景を思い出します。丸くて、やさしい味わいの鎌倉レデンプトリスチン修道院のクッキーから広がる、人それぞれの幸福な思い出のかけらたち。

いつか鎌倉の修道院を訪ね、シスターから直接買ってみたい、と長く憧れていました。ここのクッキーは、そういう儀式が似合うクッキーなのです。

その願いがかなったのは、早春のある日の午後。鎌倉散歩を楽しみながら辿り着いた修道院の敷地の入り口にある「手作りクッキー」という小さな木の看板、それが、ここでクッキーが作られ、販売されていることを教えてくれます。

　階段を上がると、玄関脇に受付の窓口があり、呼び鈴を押すと、シスターが静かに応対してくださいます。そこで、希望のクッキーと数量を伝えるのですが、こうしたていねいさで購入することの秘密めいた喜び。幸運な巡り合いとばかり、なにものかに感謝したくなるような思いに包まれます。

修道院の玄関にあるマリア像

　ここで作られているクッキーは、カナダからやってきたシスターのレシピを受け継いだもの。お菓子を担当するふたりのシスターによって、祈りをこめて作られています。そのレシピは、半世紀余りの年月を経たいまも変わっていないそうです。

「中今《なかいま》」という言葉がありますが、この言葉のように、伝えられ、いまに受け継がれ、これからも受け継がれていってほしい、品のあるやさしい味わいの手作りクッキーです。かつてはリーフデザインのものなど、複雑なデザインのものも作られていたそうですが、現在はこの丸いタイプのみに。

　ところで、六個ずつ袋に入ったこのクッキー、以前はクッキーのあいだを埋めるように、小さな丸クッキーが入っているものもありました。この天使の分け前のようなサプライズに出合える確率はほんのわずか。この天使がくれた贈り物のことは、記憶の筺《はこ》にそっとしまっておくことにしましょう。

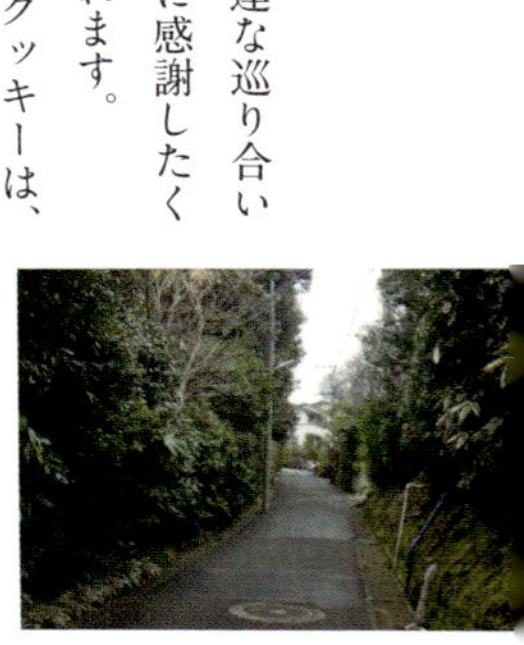

伝えられ、受け継がれてきたシスターの手作りクッキー

上）クッキーの袋詰めの作業風景
下）クッキー作りの作業風景。ふたりのシスターが担当している
写真提供：鎌倉レデンプトリスチン修道院

鎌倉レデンプトリスチン修道院
神奈川県鎌倉市小町 3-10-6
Tel: 0467-22-3020
修道院売店のほか、雪ノ下教会売店、
鎌倉市内のスーパー・ユニオンでも購入できる

レデンプトリスチン製オリジナルクッキーは全部で 6 種類。1 袋 6 枚入りで、2 種類ずつが詰め合わされている。●コーヒーとココナツ　●ピーナツとレーズン　●ココアとミルク　各 1 袋 350 円。箱入りは 3 袋入りで 1200 円

バザーに行きましょう！

ここに行けば「修道院のお菓子」に出合えます。

シスターコーナー、天使のマスコット

深呼吸すると秋の香りがする清々しい十月の日曜日、年に一度催されている「桜町聖ヨハネ祭」に出かけました。

このヨハネ祭は、社会福祉法人聖ヨハネ会（桜町病院、桜町聖ヨハネホームほか）、カトリック小金井教会、福音史家聖ヨハネ布教修道会が中心となって主催する、地元の人々に愛されている大きなバザーです。

駅前から乗ったバスの窓から外を眺めていると、そこだけ森のような樹木におおわれた建物が見えてきます。聖霊修道院です。ここから少し歩いて会場となっている桜町病院に着くと、すでにたくさんの模擬店でにぎわっていました。

今日のお目当ては、「修道院あちこちコーナー」。日本中の修道院から手作りのお菓子が出品されているのです。

大きなテントの下には、全国から一堂に集められたケーキ、クッキー、チョコレート、ゼリー、バターが、修道院ごとに分けられた籠《かご》に飾られています。

〝自称・修道院の手作りもの研究家〟の私は、商品を眺めているだけでテンションが高くなってきます。噂に聞いていた長崎の「ド・ロさまそうめん」もちゃんと置いてありました。

秋はバザーの季節です。

バザーには、修道会が主催するもののほかにも、教会附属の幼稚園や高校、大学の学園祭までいろいろありますが、おすすめは幼稚園のバザーです。お料理上手のお母さん方が作るおいしいパンや皮から手作りの肉まん、自家製腸詰めウィンナー、シフォンケーキなど家庭のやさしい味がいっぱい。プロ並みのかわいい手作り雑貨にも出合えます。

高校や大学の学園祭では、修道院のお菓子を取り寄せて販売しているところもありますし、バザーのときだけ、シスターが手作りのクッキーやフルーツケーキを焼いて販売する修道院もあります。

私が秋になるとバザーに行きたくなるのも、子どものころのおいしい思い出のおかげだと思っています。

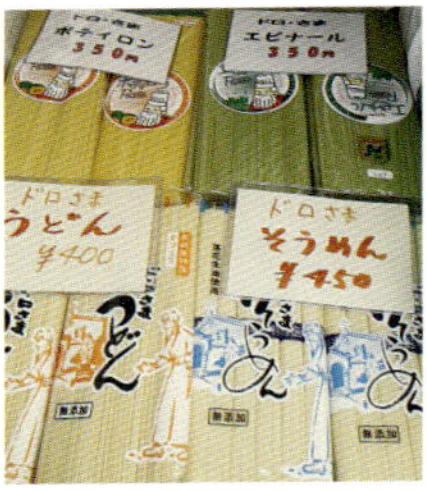

ド・ロさまそうめんは明治時代に赴任したパリ宣教会のマルク・マリー・ド・ロ神父が、村人たちにそうめん作りの製法・技術を教えたのが始まり

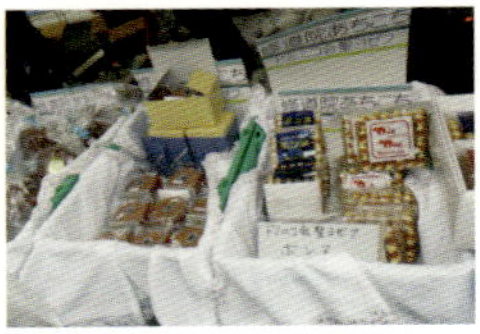
修道院あちこちコーナー

こんなにかわいい紙袋に入れてくれるお店も。手作りです！

場所

桜町聖ヨハネ会敷地内・構内

問い合わせ先

桜町聖ヨハネ祭実行委員会事務局
Tel: 042-384-4403
東京都小金井市桜町1-2-20
社会福祉法人聖ヨハネ会 法人本部

アクセス

JR中央線「武蔵小金井駅」北口下車
西武バス1・2・3番のバスに乗り、「桜町病院」下車。徒歩約3分

■ 取り寄せしている修道院

灯台の聖母トラピスト大修道院 ／ 天使の聖母トラピスチヌ修道院 ／ 那須トラピスト修道院 ／ 八王子聖クララ会修道院 ／ 東京カルメル会修道院 ／ 京都カルメル会修道院 ／ 福岡カルメル会修道院 ／ 大分トラピスト修道院 ／ 大分カルメル会修道院 ／ 安心院の聖母修道院 ／ 伊万里の聖母トラピスチヌ修道院など

聖なる物語を探して in Hokkaido

十勝カルメル会
幼きイエズス修道院

カシワの木々に囲まれた修道院

聖テレジア。本のページには
「神のみで足りる」の文字

玄関を入ると売店
があります

まるで心を試されているかのようでした。
旭川を出発するときは猛吹雪。
でもどうにか神様のテストをパスすることができたのか、
取材当日は、穏やかな一日が用意されていました。
弱い陽の光に導かれるようにして、
まだ白い大平原をタクシーが走り抜けたところに
十勝カルメル会修道院はありました。

修道院の前に降りたち、
ひとりになったとたん静寂に包まれ
そこが特別の場所であることを
身体が感じ取っているかのようです。
この見えない何かをとらえようとあたりを見回すと、
雪のまだ残っている丘に、葉を落としたカシワの木々が
静けさを纏《まと》って立っていました。

チャイムを鳴らすと重い扉が開き、
おだやかな受付担当のシスターが、
笑顔で招き入れてくださいました。

プラーグの幼きイエズス。この幼きイエズスを崇拝して多くの人々が恵みを受けてきたといわれています

玄関を入ってすぐのところに売店があります。
応接間では、修道院長と、製菓担当の方が
格子の向こう側で待っていてくださいました。
受付担当の方をのぞき、修道女の方々とは、
この格子をへだててでしかお話しできません。
あちら側と、こちら側には結界があるのです。
時々風がうたっているようにベルの音が聞こえます。
修道院では大きな声は出しません。
沈黙を重んじる
深い祈りの生活を送っているからです。

こちらの手仕事でとくにお勧めしたいのが、手作りのベールです。レースの生地にさらに繊細な刺繍がほどこされています。また縁にも手編みレースが。このベールは注文されただけしか作られないのです（売店に置いてあることもあります　6500円より）

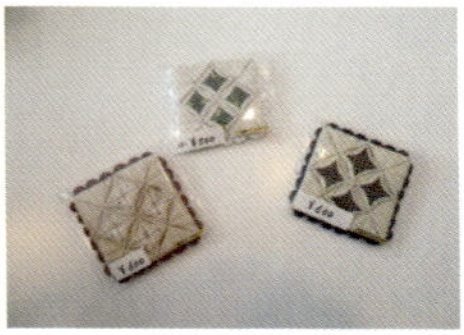

手作りのロザリオ入れ

用事があるときは、ベルを鳴らして伝えます。
修道女の方とお会いして私がまず目を見張ったのは、
その茶色の修道服の美しいこと。
まるで洗い立てに、いまアイロンをかけたばかりの
ようにシミひとつなく、
質のよい生地で美しく輝いて見えます。
洗濯はいまでも手洗いなのだそうです。
聖テレジア様がデザインなさったという
その修道服は、とても清楚ですてきです。
ここ十勝カルメル会修道院には、
二十代から八十代の十四人の修道女の方々が
祈りと仕事に織り成された生活を送っています。
神の愛に満ち足りた喜びと感謝をもって、
日々の修道生活を生きているのです。

隣の部屋に用意してくださったお茶と、
こちらの修道院で手作りされている
お菓子をいただきました。
掃き清められた空間は、
空気が光に変わるのでしょうか。
お茶が整えられたテーブルは、

復活祭の卵型のお菓子を作っているのは、日本ではこの修道院だけです。青・黄・ピンクの3種類。復活祭の前の時期に売店で

白くまばゆい光に包まれていました。

白いアマンドは、濃厚なミルクに包まれていて
アーモンドとぴったり合います。
金色の包みをあけると、
外にココアがかかり
なかにはトリュフが隠れていました。

どのお菓子も修道女の方々が
心をこめて手作りなさったもの。
このトリュフのひと粒が
宝石のように思えてきます。
十勝の豊かなミルクに
小麦粉（薄力粉）を使った
手作りのお菓子には、
おいしい空気と
大自然の恵みがいっぱいつまっています。
たくさんのおみやげと
出合えたことの喜びを心につめて、
帰路に着きました。

チョコパウンドケーキ、パウンドケーキ、白いアマンド、トリュフ３種

一般の方でも結婚式の引き出物や
祈りのこもった贈り物をなさりたい方は、
時間の余裕をもって（量が多い場合は、2カ月ぐらい前に）
お電話を。快く対応してくださいます。
注文は Fax でお願いします

聖堂での朝のミサ（月曜は休み）や、
クリスマスイブのミサ、復活祭には、
一般の方も参加できます

灯台の聖母
トラピスト大修道院

四月、函館には、北海道で一番早く春がやってきました。
一両編成の江差線に乗って、ぽかぽか陽気のなかを出発です。
想像していたよりも広大な敷地の山上に
灯台の聖母トラピスト大修道院はありました。
日本に初めてできた修道院です。
修道院は門の向こう真正面に見えます。

北海道の初春は、山のすべてのいのちが長い冬を越えて、
再びよみがえり、うたっているような喜びにあふれています。
十二時十五分前。まだお祈りの時間です。
私は客舎の小食堂に座っていましたが、
この物音ひとつしない、
静かな場にいることに幸せを感じていました。

お祈りの時間が終わり、杖で身体を支えながら、
八十歳を越えた神父様がいらしてくださいました。
植物を育てるのが上手な人のことを、
「緑の親指をもつ人」と呼ぶ、と聞いたことがありますが、
対応してくださった神父様は、
まさに「緑の親指をもつ人」でした。
いま修道院の売店で売られているジャムは、
修道院で収穫されたりんごや、かりん、

カシス、ルバーブなどで作られています。
このジャム作りを二十年以上も前に始められたのが、
こちらの神父様です。
ジャムの原料になっている果物の苗木は、
ハスカップを十本ぐらい買われただけ。
なかでもルバーブは、お知り合いの方から
三株くらいいただいたものを、
根で増やしてから種を取って植えたものが
道の両脇何十メートルにも育っているそうです。

いまはもうジャム作りからは引退しておられますが、
かつて神父様の作ったジャムの瓶は、
特別な真空状態にしてあるため、
瓶のふたが開かない、
とよくいわれたそうです。
神父様のジャムは、
開けなければ傷むことがなく、
二十年前にご自分が作られたジャムを、
いまでも食べていらっしゃるのです。
私もいただきましたが、
山ぶどうのような野生の味がしました。

この海にまっすぐ続く道をローマ通りというそうです。クリスマスイブにはろうそくが灯され、幻想的な雰囲気です。修道院のミサにも参加できます（夜23時30分ころから）

売店では四月十日ごろからソフトクリームが販売されます。
クリームにも、トラピストバターが使われています。
コーンも特別製です。またトラピストクッキーも
添えられています。バターが使われていても、あっさりして、
甘すぎず、とってもおいしい。連休やお盆には、
このソフトクリームを求めて行列ができるそうです。
残念ながら私が行ったときには、
まだ桜は咲いていませんでしたが、
五月の中旬から桜並木に花が咲き、
山は桜色にかわります。
桜が散ったあとは、牧草地が緑でいっぱいになるのです。

売店の横に教会があります。教会のマリア様

「わたしたちがある場所の雰囲気を思い出すのは、
そこに霊気があるからです。この目に見えない力は、
人間の五感を超越しています。
こうした場所では、人は感受性によって、
その場所特有の何かを察知するのです」
（『幸せになる生き方』アレクサンドラ・ストッダード著）

修道院での思い出を描こうとすると、あの場所のかもし出す雰囲気を表現する言葉がないように感じます。そこには見えない力が確かにあり、私はそれを感じてはいたけれど、「ただ幸福感に包まれていた」と表現するしかないのです。

幸いなことに、修道院の取材日は、
空は青くすみわたり、
羊のような白い雲が浮かんでいました。

天使の聖母トラピスチヌ修道院の入口では、大天使聖ミカエル様が迎えてくれます。日本に初めてキリスト教を伝えた聖フランシスコ・ザビエルが、「日本の守護天使」に決めたといいます。

天使の聖母
トラピスチヌ修道院

修道院の建物のなかには入れませんが、ぜひ、お勧めしたい場所があります。それは、入って左手にある十二角形の小さな建物です。

「旅人の聖堂」といって、小人の家のようにかわいい雰囲気ですが、なかに入ると、心がすーっと落ち着いて、天からのエネルギーが注がれているような感じがします。椅子に座ってゆっくりと深呼吸してみてください。

真正面には、半円のガラス窓が緑色の庭をバックにして十字架がありますが、まるで魔法のように一瞬にして、見ていた風景が変化するのです。

初めは、何が違うのか、何が起きているのかわからないほどですが、よく見ると太陽の光が射したときとかげっているとき、その違いなのだと気づきます。

聖堂のなかでは、シスターが歌われる聖歌も静かに流れています。

約束の時間に修道院へうかがうと、受付担当のシスターに満面の笑顔で迎えられ、応接室では三人のシスターが待っていてくださいました。

お話のあと、普段は入れないお御堂に案内していただきました。

お御堂に続く細長い通路は、一人ずつしか入れません。

通路の先にある階段をのぼると、お御堂に到ります。
クリスマスと復活祭のときに限り、
定員制で一般の人もミサに参加できる場所です。
お御堂に着くと、静かな祈りが聞こえてきました。
お年を召されたシスターの方々が祈っておられるようです。
聖堂を拝見すると、私がいままで見せていただいた
女子修道院のなかでは、一番大きな聖堂でした。

天使の聖母トラピスチヌ修道院は、函館の有名な
観光地のひとつです。資料館を併設した売店は、
とても立派な建物です。その資料館で、
バター飴の製造過程を描いた絵に出合いました。
ていねいに細かいところまで描いてあります。
あるシスターが「修道女の恵みの日々」として、
修道院での生活を何十年にもわたり記録として
描き残されていたものだそうです。

もとの絵日記のファイルを拝見しました。そのなかから、
今回ご紹介できるのは一部だけですが、
シスターの方々がどのような祈りの毎日を
送っていらっしゃるか、ご覧ください。

飴入れ室で。

いよいよ私たちは、日本中に、もしかすると、
世界中にも神様の恵み、そしてお祈りを配りに出かけます。

“白く小さい　バター飴　何も語らない
けれど　存在のすべてで、甘味さをもって
その使命を果たしていく……幸いなバター飴”

お年寄りの修道女　1961年頃

お年寄りの修道女
私は百までゆきますと
杖をたよりにおみどうえ
死ぬまで聖務に忠実に

レオン様

もっと元気な
オバーさま
トマト作りが大得意

セシリア様

重い仕事は　出来ずとも
何かお役に立ちたいと
せっせと車に糸かける

アグネス様

苦難の聖主の御傷を
己が体ににないつつ
あくまでささげる修道女

フランソワサヴィエ様

九十ちかいオバーチャン
囲いの門の番にゆき
お花をそだてて日を過ごす

ザベリナ様

天使園

トラピスチヌ

N
M
L
K
E
J
F
G
H
I

1972年3月頃の天使の聖母トラピスチヌ修道院

A　神父様
B　売店
C　受付
D　飴工場
E　洗濯所
F　牛舎
G　ミルカー洗い場と宿舎
H　チーズ工場
I　野菜畑物置
J　農具の物置
K　鶏舎
L　車庫　農機具
M　ぶどう畑
N　墓地

天使の聖母 トラピスチヌ修道院の売店

ひつじ工房の80歳以上のシスターが羊毛を丸め、若いシスターが模様をつけた針刺し

天使のマスコット

この売店でしか買えない、シスター手作りの「マダレナ」です。甘すぎないバターの香り。とってもおいしい

大きくて明るい売店

売店には、ひつじ工房で製作した手作り品のコーナーがあります。トラピスチヌ修道院のひつじ工房は、八十代から九十代のシスターが参加している手仕事のグループです。

修道院では、シスターのみなさんが、その人なりの才能を活かしながら、できることをするのです。

売店で買えるシスターの手作りの作品には、なかよし人形、七宝焼き、手作りロザリオ、手編みのコースターや毛糸で編んだ帽子やマフラー、かわいい模様の入った針刺し、ビーズ編みのペンダント、心に光を灯す蜜ろうそく、修道院に咲いていたスミレの押し花のしおりなどがあります。

ひと手間、ひと手間、心をこめて作られています。

季節ごとに修道院で育てた果物をつかったジャム。添加物は一切入っていません

第二章

口にすると、心に光が満ちてくる。修道院の乙女菓子

II

CHAPTERS

修道院の乙女菓子 I

クッキー・ゴーフレット　etc

Cookie and Gaufre etc

サクッとした味わいの薄焼きのベルギー風ゴフレット 1 袋 300 円　ほんのりとした甘みのシャルロット 1 袋 200 円。中央のお酒に合うと評判のチーズゴフレット 1 袋 400 円 A

薄焼きのゴフレット　9 袋 300 円。B

表面の装飾が美しいクッキー（ココア、ラムレーズン、アーモンド、レモン）1 箱 893 円 D

アーモンドとミルクの風味マンドルラ　箱入り　1050 円 D

甘い香りとやさしい味のクッキー
フィオーレ（アニス、ココナッツ）
12 枚入り　1260 円 D

ゴマ、黒糖、ピーナッツ、アオサ、シナモン、
玄米茶など、様々な味わいがそろったクッキー
いろいろ。1袋200円 C

いちばん大切なときに
いちばん大切な人と。
幸せをかみしめるように紡ぐ味の記憶

ロゴと大分県花が美しい装飾になったトラピストクッキー
9包 375円　18包 750円 G

ロゴが刻印されたトラピストクッキー　3枚包 12袋入り 665円 I

クッキーミックス　9個入り 350円 H

様々な種類のクッキーが詰め合わされた人気のミックス
1袋 800円 E

自然の風味豊かなトラピストクッキー　18枚入り 500円、
36枚入り 1000円 F

A: 京都カルメル会修道院　B: 福岡カルメル会修道院　C: 安心院の聖母修道院　D: 伊達カルメル会修道院　E: 西宮の聖母修道院　F: 伊万里の聖母トラピスチヌ修道院　G: 大分トラピスト修道院　H: 十勝カルメル会修道院　I : 灯台の聖母トラピスト大修道院

かたちも名前もかわいらしいお菓子、マーガレット
2個入り 300円 A

修道院の乙女菓子 Ⅱ

焼き菓子・パウンドケーキ・マドレーヌ etc

Baked sweets, Pound cake, Madeleine etc

ふんわり、夢のような味わいのシフォンケーキ
角型600円　丸型800円 B

胡桃がたっぷりと入った濃厚な味のチョコレートケーキ
1本1000円 C

昔ながらの固めの食感にこだわった伝統的な味わいのマドレーヌ。10個入1000円　20個入2000円
夏季以外 D

左：濃厚な味わいのタルト、レターレ　1個180円
右：サクッとおいしいショートブレード　2枚入60円
発送不可。修道院の売店または鹿児島県霧島市溝辺町の溝辺物産館「よこでーろ」で購入できる H

パウンドケーキ（チョコレートかけココア、チョコレートかけホワイト小2個箱入り）720円 E

ふんわり、ふくらんだ焼き菓子。
幸福をかたちにしたら
きっとこんな感じ

パウンドケーキココア大
ホワイト大　1個360円 E

さっくり、でもふんわりとした味わいのマダレナケーキ。3個入り 400円
12個入り 1500円 G

バターと卵の風味に胡桃入りココア生地をマーブリングしたリングケーキ。トラピスト・マーブルケーキ　1200円（18cm）、1800円（21cm）夏季以外 D

フルーツがたっぷり使われた
手にズシッと重いフルーツケーキ
1本2000円 F

A: 西宮の聖母修道院　B: 山口カルメル会修道院　C: 福岡カルメル会修道院　D: 伊万里の聖母トラピスチヌ修道院
E: 十勝カルメル会修道院　F: 安心院の聖母修道院　G: 天使の聖母トラピスチヌ修道院　H: 聖ヨセフ修道院

修道院の乙女菓子 Ⅲ

チョコレート・ゼリー・ジャム・バター etc

Chocolate Jelly Jam Butter etc

サクサク小缶 / ストロベリー味・ミルク味・ホワイトチョコ味　各５個入り
1500円 ※10月中旬〜５月末ごろまでの季節限定販売 A

ホワイトハイミルクチョコレート / とれたてのミルクのような白い板チョコ　300円 C

アマンドミックス（小）
370円 A

舌の上の小さな甘い宝石。
ステンドグラスの窓から注がれる
美しい光のような味の宝物。

修道院の農園で無農薬、有機栽培によって育てられた果物と野菜、寒天を使った寒天ゼリー / しそ、甘夏、梅酒、キンカンの４種類。
6個入り1300円 ※５月下旬〜９月初旬までの夏季限定販売 D

メレンゲ
380円 E

修道院製のジャム（左から反時計回りに）みかんジャム 600円 E　ルバーブジャム 500円 C　ぶんご梅ジャム 350円 F
ブラックベリージャム 350円 G　甘夏ジャム 350円 G　りんごジャム 760円 B

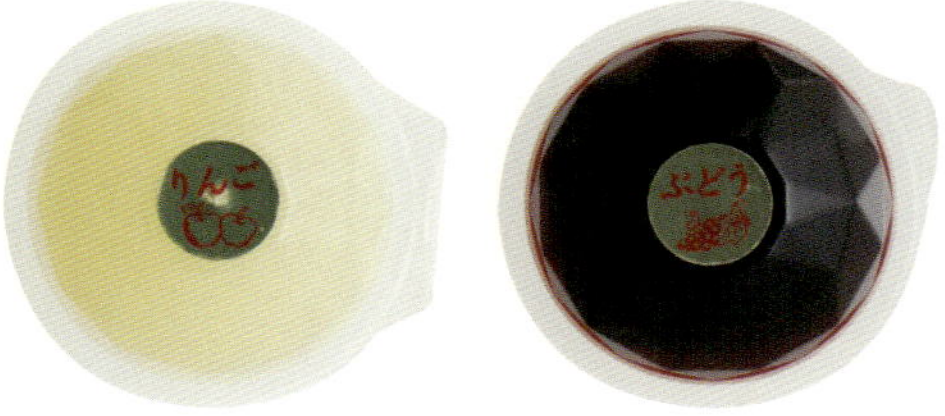

袋入りゼリー / ぶどう・りんご　どちらか 1 種類の 2 個入り 420円 A

トリュフ / 白・ココア・黒の 3 個入り
520円 A

トラピストバター飴小 260円 B

トラピストバター 980円 B

A: 十勝カルメル会修道院　B: 灯台の聖母トラピスト大修道院　C: 天使の聖母トラピスチヌ修道院　D: 伊万里の聖母トラピスチヌ修道院　E: 西宮の聖母修道院　F: 大分カルメル会修道院　G: 福岡カルメル会修道院

修道院の乙女菓子 Ⅳ

ガレット etc

Chocolate, etc

十字架の周りを
ロザリオの珠が取り囲む
そんなイメージの
お菓子たち

シスター手作りのロザリオ
1300円
西宮カルメル会修道院

伊万里の聖母トラピスチヌ修道院のガレット。伝統的な焼き菓子をクッキー風に仕上げたもの。マドレーヌやクッキーとの詰め合わせが用意されています。マドレーヌ10個・ガレット7個の詰め合わせ 1500円など

京都カルメル会修道院のベルギー風焼き菓子
カルメル・シャルロット 3枚入り 200円

福岡カルメル会修道院のアーモンドゴーフル。アーモンドの粉末が練り込まれているので風味豊かな味わい。トースト半枚位の長方形の厚焼きで、食べ応え充分の大きさです。1枚150円

那須トラピスト修道院のフランス風焼き菓子 トラピストガレット2枚入り89円。箱入りは8袋～40袋まで各種

大分 修道院紀行

「人が生きるのは、答をみつけるためでもないし、だれかと、なにかと、競争するためなどでは、けっしてありえない。ひたすらそれぞれが信じる方向にむけて、じぶんを充実させる、そのことを、私たちは根本のところで忘れて走ってきたのではないだろうか」

大分空港から、取材先の修道院を目指して走る車のなかで、関川夏央さんの『砂のように眠る　むかし「戦後」という時代があった』（新潮文庫）の巻末に収録されていた須賀敦子さんの解説の一文を思い出していました。

実はこれまでの修道院取材をとおして、この文章を何度も思い出し、「信じる方向にむけて、自分を充実させる」ということの意味をしみじみ考えるようになっていたのです。

「自動車道を使えば空港から一時間で着くと思いますよ」

大分トラピスト修道院に取材を申しこんだときにそう教えていただいていたのですが、早めに着いたこともあっ

ナザレトの家の敷地内にある教会内部

て、気ままな寄り道を楽しみながら向かうことにしました。

ナザレトの家のクリスマス・ローズ

途中の道でマリア様に出合いました。誘われるようにしてなかに入ってみると、そこは「聖母の騎士会　ナザレトの家」という社会福祉法人施設でした。ここでクリスマス・ローズを育てていることを知り、その育苗現場を見せていただくことに。

この花は、キリストの誕生のときに咲く花といわれています。そして、ここで育てられているクリスマス・ローズの苗は、その第一人者であった故・高杉繁雄氏の指導のもと、「舞妓」という原種からの受粉により、種から育てられた貴重なものだということでした。花の季節は終わりに近づいていましたが、係りの方のご好意でその苗を貰い受けました。

「この花はうつむいて咲くので、こうして花を天に向かって持ち上げてやると喜びます」

そう教えてもらったとき、苗だけじゃなく、愛情に満ちたこの言葉も受け継ごうと心に決めました。

上）大分空港からの道中の直売所で販売されていたみかん。下）ここでクリスマス・ローズの栽培が行われている。ナザレトの家にて

大分トラピスト修道院

大分トラピスト修道院に着いて、まず目に飛びこんできたのは、青空を背景に、訪れる人を包みこむようなやさしい表情のマリア様でした。その姿を見たとき、

全身にあたたかいものが流れこんできました。

別府湾を一望する丘に立つ大分トラピスト修道院は、一九八〇年七月十一日、聖ベネディクトの祝日に、北海道の修道院から分家・独立して創立された日本で二番目の男子修道院です。

修道士は、午前三時半に起床して午後八時に就寝という生活のなかで、「祈り、働け」という戒律の基本に従い、絶え間ない祈りと共に、様々な労働に従事しています。

その労働のひとつがクッキー作り。ここで見せていただいた本のなかに「聖堂でするのは口と心の祈り。働いている時は手と足を使った祈りだと思う」という修道士の言葉がありましたが、お菓子作りもまたそんな祈りそのもの。

マリア様がやさしく見守るこの修道院の作業場では、もう四十五年以上も使われているという北海道の修道院から引き継いだトンネル釜と呼ばれるクッキー製造機を使って、おいしいと評判のクッキーが焼かれています。

「単純なお菓子だからこそ難しいんです」という修道士の言葉どおり、そのレシピ、焼き方は、年月をかけて習得したもの。粉の味のなかに「牛乳《ミルク》と牛酪《バタ》の香いが仄かに」ただよい、「彫刻のように彫られている羅馬《ローマ》字」のあるこのクッキーは、森茉莉さんお気に入りの「ビスケット」を思わせる味とかたちをしていて、クッキーを味わうということを、魔法のようにすてきな儀式に変えてくれます。

中央に十字架、周囲にはロザリオ、四隅には大分県の県花である豊後梅という信仰と郷土の誇りが刻まれたこの美しい装飾は、修道士によってデザインされたもの。プルーストのプティット・マドレーヌのように、紅茶に浸して食べると、懐かしい思い出がよみがえってくるような雰囲気を持ったクッキーです。

売店では、このクッキーのほか、ブルーベリーの季節にだけ作られ、ここの売店のみで販売される知る人ぞ知る無添加のブルーベリージャム、修道士が手作りしたロザリオやポストカード、全国の様々な修道院のお菓子や手仕事ものも販売されています。

火事で黒焦げになったマリア様が作業風景をやさしく見守っている

食べるのがもったいないような大分トラピスト修道院のクッキーのデザインの美しさ

クッキー作りの作業風景

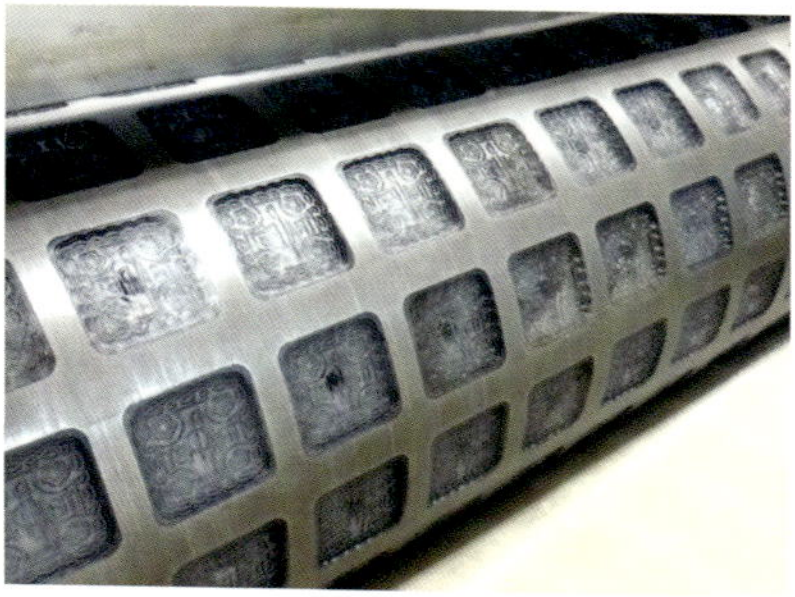

この型にクッキー種が1枚ずつ流しこまれる

大分カルメル会修道院

離合困難と思える道をひたすら走り、やっと辿り着いた大分カルメル会修道院。静かな森のなかにあるこの修道院の目印は、入り口にある小さな木の看板だけ。

呼び鈴を押してしばらく待つと、シスターがにこやかに出迎えてくださり、お菓子を買いたいのですが、と伝えると、部屋にとおされました。

窓外からは小鳥の囀《さえず》りが聞こえ、緑の木々が風に揺れているその部屋に座って待っていると、一瞬、時間や場所の感覚がなくなったような気がしました。そのとき、メロディーのように心に流れてきたのは「しげちゃんの昇天」という須賀敦子さんのエッセイでした。不思議なことに、修道院時間のなかに身を置くと、須賀敦子さんの本が思い出されるのです。

「しげちゃん」は、カルメル会の修道女でした。小説家になるとばかり思っていたしげちゃんからカルメル会の修道会に入ることを打ち明けられたとき、「その修道会の戒律がきびしくて、一度、入会したら、もう自由に会うこともできなくなる」「一日中、沈黙の戒律をまもり、食事のときもだまって聖書の朗読を聴きながら食べるという話は、中世みたいで恐ろしくさえあった」と須賀敦子さんは書い

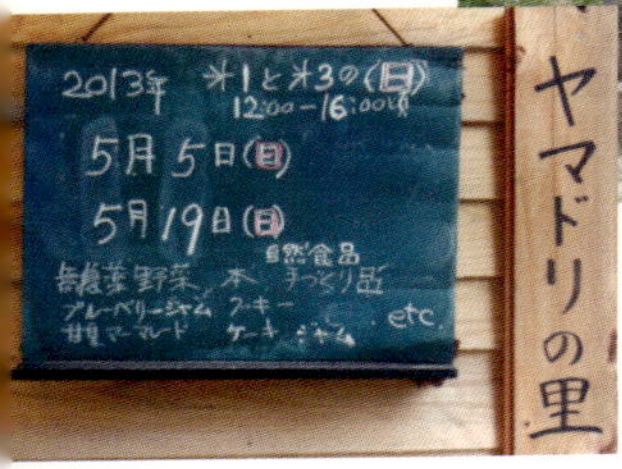

修道院に向かう道沿いにある直売所「ヤマドリの里」ここでも、大分カルメル会修道院のお菓子やジャムを購入できる

ています。そのエッセイと、自分が身を置いている俗世間から切り離されたような時間が重なり、ふとタイムスリップしたような気持ちになったのかもしれません。

しばらく静かな時間が流れ、やがて、厳《おごそ》かな儀式のひとつのように、お菓子やジャムやケーキが運ばれてきました。

静寂に包まれたこの修道院では、三人のシスターが静かな祈りの生活を送り、自給自足を目指した生活を送っています。そして、他の修道院と同様に、労働のひとつとしてお菓子が作られています。

ここで作られているのは、フルーツケーキ、クッキー、ガレット、ジャムなど。ブルーベリー、夏みかん、蕗《ふき》、豊後梅……など、無農薬で育てられている地内の果樹園の恵みが素材として多く使われているのが特徴です。

なかでも、110ページのコラムで紹介したフルーツケーキや、完熟するのを待って収穫した杏に似た甘い香りが特徴の豊後梅を使って作られる梅ジャムは、特別

な味わい。たとえば梅ジャムは、種を割って取り出した天神さんを混ぜるという特別なレシピで作られており、一年のわずかな時期にしか出合えない修道院からの贈り物のようなひと壜です。

「自然を観察してゆくのが宗教的な理解に至る最短距離なんです」というシスターの言葉どおり、あえて整地をしないで自然のままの斜面を利用した畑作り、ミツバチの生態観察、自然に添うかたちでの農業の実践など、命につながることが大切にされ、守られている修道院だからこそのお菓子やジャムは、本当に何もかもが特別、そんなふうに思えました。

季節限定の味わい。大分カルメル会の手作りジャム

安心院の聖母修道院

昨日、大分トラピスト修道院へ向うときにとおった道を再び辿り、安心院《あじむ》の聖母修道院へ。途中、山菜の直売所を見かけ、ここで再び寄り道。そのときふと気がついたのですが、この直売所のあるあたりは天間《あまま》といい、これから訪ねる修道院のある場所は安心院。ロザリオの珠のように、何かに守られているような地名が連なっています。

天間を抜けると、安心院の聖母修道院へはあと数キロの道のり。途中で県道を離れ、山道に入ってゆきます。「対向車が来ませんように」と祈るような気持ちでカーブを曲がり、山道を走り、萱籠《かやごもり》の集落を越えると、赤い屋根の建物が見えてきました。安心院の聖母修道院の建物です。

この日、光るような笑顔で迎えてくれたのは二人のシスター。このとき、修道院のパンフレットに書かれていた「すべての来客をキリストのように受け入れ

アーチ型の窓から光がやさしく射しこむ。安心院の聖母修道院の聖堂内部

やさしく包まれるような雰囲気の安心院の聖母修道院

安心院の聖母修道院のクッキーいろいろ

クッキーの種類は12種類。1袋それぞれ200円

右下）ハーブの香りがする飴「黒糖のどじまん」。右上）「黒糖のどじまん」の型。上）「黒糖のどじまん」は、銅の鍋と大きなしゃもじを使い、手作業で作られる

る」という聖ベネディクトの戒律、さらには、「この地を訪れ、共に祈りたい方々のために、修道院はいつでも開かれており、静けさのうちにすごせる場を設けております」というメッセージを思い出し、心に光が差しこみ、あたたかいもので包まれたような気持ちになりました。

この修道院は、二〇〇一年に宮古島から移ってきたそうですが、応接室に流れる時間やシスターの雰囲気は、どこか沖縄の海や空を思わせる大らかであたたかなものでした。

ここでも様々なお菓子が作られています。チョコやシナモンなど、様々な味のクッキー、黒糖入りの飴、西宮の修道院からレシピを受け継ぎ、注文があったときだけ作られるというフルーツケーキ（ここでは創立ケーキと呼んでいるそうです）など、どれもが実においしいのですが、その取り合わせの妙、口に入れてみたときの味に感激したのは、アオサと呼ばれる海草を練りこんだアオサクッキーでした。何とこのアオサ、シスターたちが国東《くにさき》半島で自ら採取して天日で干し、粉末にしたものなのだそうです。

ここでは二十人のシスターが暮らしていますが、お菓子作りに従事しているのは四、五人のシスター。その日の天気などを考慮に入れて、レシピを微調整しながら毎日お菓子を作っています。

「大きくするとゆき届かないので、自分たちの手に見合った仕事をするのです」

シスターのこの言葉どおり、すべてを手作業でおこなっているからこそ生まれる手業の賜物であるお菓子もまた、どこか大らかでやさしい、魅力たっぷりの味わいでした。

NPO法人安心院いやしの里・マリア様が見守るかけ流し温泉

安心院修道院の近くに「NPO法人 安心院いやしの里」があります。取材を終えて、施設だけでも見せてもらいたいと思い、立ち寄ってみました。突然の訪問だったにもかかわらず、「温泉に入ってみたら？」「このお水を飲んでみて！」とあたたかく迎えてくださいました。

心とからだのケアを活動主旨としている同法人にはかけ流しの温泉施設があり、その一角ではマリア様がやさしく見守っています。ゆとりがあればぜひとも入ってみたかったのですが、空港に向かう時間が迫っていました。それでも、清らかな味わいのコップ一杯のお水を飲ませてもらい、袋いっぱいの干ししいたけのお土産まで。

温泉のマリア様

驚いたのは、ルルドのマリア様の眼差しが注がれるこの敷地にコンコンと湧く水は、ルルドの水と同じ、イオン化しない「ゼロウォーター」だということ。このミネラル分を豊富に含んだ天然水は、「美心水《びじんすい》」と名づけられ販売もされているのですが、非加熱でボトリングすることを許された数少ないナチュラルミネラルウォーターだということでした。

心とからだにやさしい天然水「安心院美心水」
1ケース 2L×10本　3150円
（税・送料込）

心もからだもゆったり解きほぐされたような修道院を巡る二日間の旅。

知らぬ海や山みることのうれしければ
いづくともなく旅立ちにけり

正岡子規のこの歌のような思いで、いつの日か再びこの地を訪ねよう、そう自分に約束し、伊丹空港へと向かう飛行機の窓から見える雲に、「人が生きるのは」のその先の言葉をそっと書いて、この旅を静かに終えました。

旅のデータ

大分トラピスト修道院
大分県速見郡日出町南畑3350-7
Tel: 0977-67-7523

大分カルメル会修道院
大分県由布市挾間町七蔵司中台1199-4
Tel: 0975-83-3393

安心院の聖母修道院
大分県宇佐市安心院町萱篭1180-3
Tel: 0978-48-2711

NPO法人 安心院いやしの里
大分県宇佐市安心院町萱籠1180-3
Tel: 0978-48-2585

小さな寄り道
教会のカフェ時間

やさしく、幸せな気持ちにしてくれる スイートなカフェ時間

カフェで過ごす時間というのは、「魂の傷を癒す香油」のようなもの。ここ「カフェきょうぶんかん」は、銀座のなかのオアシスのような場所。長いアプローチを抜けると、大切な絵本の中の1ページのような空間が広がっています。ここでのお茶時間のお供は、那須トラピスト修道院のガレット。ひとくち食べると、そのおいしさに心が癒されるような気持ちに。至福の「銀座時間」をどうぞ。

カフェきょうぶんかん

東京都中央区銀座 4-5-1　Tel: 03-3561-8708　11時～19時　日曜日は 13時～19時。
きょうぶんかんブレンド 480円、トラピストガレット 100円 etc

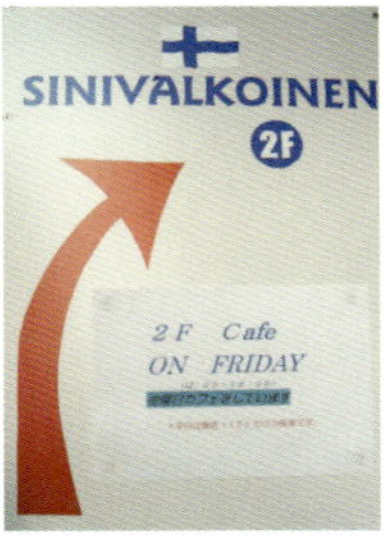

福音の家Kyotoの２階にある「金曜カフェ」は、その名のとおり、毎週金曜日にオープンするカフェ。北欧カラーに包まれた空間に身を置くと、まるで青空のなかにいるような清らかな気持ちになります。手作りケーキと飲み物が用意されています。献金システムなので、代金は店内に設置してある献金箱に。

金曜カフェ

京都市中京区新京極通六角下ル桜之町 430-9
Tel: 075-211-7867
12時～18時。金曜日以外は1階の書店のみのオープン

ヴォーリズの名建築のひとつ旧神戸ユニオン教会を改修して、ジャーマンベーカリーの店舗に併設されたカフェ。もと礼拝堂がカフェになっているだけあって、重厚ななかにも、包容力のある空間。良質な建築は魂に語りかけてくる音楽のように、心地いい。
平日ならモーニングエッグプレートがお勧め。オリジナルバターをぬっていただく焼きたてのパンが、幸運な1日の始まりを約束してくれます。

フロインドリーブ

神戸市中央区生田町 4-6-15　Tel: 078-231-6051
10時～19時　水曜日休み
平日のみモーニング、ランチあり。モーニングは 10 時から 11 時30分まで。
モーニングプレート630円、モーニングエッグプレート735円 etc

修道院カフェ一日限定でオープンしました。

二〇一三年八月十日の午後、京都市左京区の路地裏にある隠れ家のようなカフェ「日《ひ》杳《より》」で、修道院のお菓子とお茶を楽しむ小さなお茶会・『修道院カフェ』を開きました。

クッキー、ガレット、フルーツケーキ、チョコレート、ゴーフルなど、全国の修道院から集めたお菓子を詰めた壜をカウンターに並べてみると、そのひとつひとつは、まるできらめきのサプライズ!

珈琲、紅茶などの飲み物に加え、夏の暑さを吹き飛ばしてくれる冷たいミントティーや夏のカケラを溶かしたような色のレモネードも用意して、さぁ、オープン。

カフェのドアを開けると、暑いなか、多くのお客様が開店を待っていてくださいました。希望ややさしさや祈りがそのなかに溶けこんだ修道院製のお菓子が、訪れてくださった方々の気持ちを、ふんわり蝶々結びにしてくれますように、と願いながらのカフェ時間は、星が瞬く夜まで続きました。

*この『修道院カフェ』は、今後も開催予定です。

左)『修道院カフェ』の小さな看板を出しました。右)当日用意した多治見修道院ワインのボトル。デザインがすてき!
カフェ日杳　京都市左京区田中高原町29-1
Tel: 075-701-5831　11時〜17時　木・金・土のオープン

修道院の売店を訪ねるときの作法

修道院にお菓子や雑貨を買いに行くときの心得について、十勝カルメル会修道院のシスターに教えていただきました。

「こちらの修道院では、特別お休みの日は定めておりませんが、時間は午前九時から午後四時半までとしております。ただ、特別な行事、典礼、儀式などがある場合は臨時でお休みにさせていただいております」

とのこと。とても寛容な応対だと思いましたが、時間や対応の方法は各修道院によって違います。また、修道院は、公共の交通手段がなく、車でないと行くことができない山の奥にあったり、非常にわかりにくい場所にあることが多いので、まずは電話で問い合わせることをお勧めします（九時三十分以降が望ましいと思います）。

修道院の売店というのは、私たちが想像するようなものではなく、そのほとんどが部屋の一角に商品が置かれているというスタイル。ですから、基本的には靴を脱いで部屋のなかに入り、シスターと言葉を交わしながら商品を選び、購入することになります。

この場合、忘れないようにしたいのは、修道院の建物のなかは祈りの場だということ。大きな声で話さないようにしましょう。

また、修道院には「禁域」が定められていますので、立ち入らないように気をつけましょう。写真撮影は原則として禁止されていますので、撮りたいときは、シスターに確認するようにしてください。

第三章

きっと大切な宝物になる。修道院の雑貨と紙もの

III

CHAPTERS

不思議のメダイ

Medaille miraculeuses

c

d

e

f

b

a

清楚で美しい Ananoのメダイ

恵文社一乗寺店ギャラリーアンフェールの一角に、Anano（アナノ）のアイテムが並ぶショーケースがあります。

フランスでは五月一日は「すずらんの日」として、すずらんを贈る風習がありますが、ガラスケースのなかをそっとのぞいてみると、すずらんをモチーフにした清楚なデザインの純銀製のメダイが美しいパッケージと共にディスプレイされていました。

眺めていると、ディオリシモの香りに包まれ、しあわせを手渡されたような気持ちになりました。

11mm × 14mm 3300円＋税
恵文社一乗寺店 075-711-5919

メダイの意味

教会のシンボルである
十二の星

＋：イエスキリスト
M：聖マリアと母のM
I：Immaculata（けがれない）

キリストの御心

聖母マリアの御心

j

i

「ああ、けがれなくお宿りになられた聖マリア、あなたにより頼む私たちのためにお祈りください」という祈りの言葉が刻まれている。

指輪から発する光線が四方に輝く。

踏み砕かれた蛇：悪霊
地球：全世界

g

天に大きなしるしが現れた。
一人の女が身に太陽をまとい、
月を足の下にし、
頭には十二の星の冠をかぶっていた
(黙示録12・1)

小さくて、
ロマンティックな
祈りのかたち。

h

a: 58円 / b: 220円 / c: 120円 / d: 289円 e: 210円 / f: 115円 / g: サンパウロ京都宣教センターオリジナルのメダイセット 50円 / h: 140円 / i: 不思議のメダイ表面 / j: 不思議のメダイ裏面

ここで紹介した不思議のメダイは、全国のサンパウロ宣教センター、教会売店などで購入できます

Confectionery and Handicrafts of Convents and Monasteries' Column

不思議のメダイ教会

いまではパリ観光のパワースポットにもなった「不思議のメダイ教会」。

私がその教会を知ったのは、十数年前、編集者として働いていたころ担当していた著者の方が取材でその教会に行き、絵葉書を送ってくださったからでした。

私には縁がなかったのか、初めてパリに行ったときは、地図が間違っていて辿り着けず、二度目は工事中、三度目にやっと、この教会でメダイを買うことができました。

多くの人が訪れる教会なので、メダイはお土産用として、十個、数十個単位で売られています。もちろん一個からも買えますし、日本円で百円もしなかったと思います。素材と大きさなどの違いで、もう少し高価なメダイもありました。

メダイには、その由来が書かれた小さな説明書がついています。要約してみると、

……一八三〇年十一月二十七日の土曜日の夜、パリ・バック通りの聖堂で、愛徳姉妹会の修道女カタリナ・ラブレの前に、聖母マリアがご出現になり、人々の救いについての予言と、このメダイを作るようお話しになりました。

聖母は、やさしく愛情にあふれたお姿で、「この姿のとおりにメダイを作ってもらいなさい。このメダイを身に着ける人、また特に、首にかける人は大きな恵みを受けるでしょう」とおっしゃったそうです。

そのメダイを身につけた人々に奇跡が多く起こったことから、驚くべき早さで人々のあいだに広がり、普及したのです。

メッセージを受けたカタリナ・ラブレは、死後、湿気の多い地下墓地に埋葬されていましたが、五十六年たって発掘されたにもかかわらず、彼女の体は腐敗することなく、もとの姿のままだったそうです。現在は、マリア様のご出現のあった祭壇の下に眠っているかのような姿で安置されています。

「不思議のメダイ教会」は、その聖女の遺骸《いがい》が納められている礼拝堂なので、世界中から多くの人が巡礼に訪れるパリの小さな聖地となっているのです。

でも私のように、わざわざパリに買いに行かなくても、幸運に導いてくれる「不思議のメダイ」は日本でも手に入れることができます。「私も身に着けたい」と思われる方は、クリスチャンショップにお立ち寄りください。

「不思議なメダイ」についてもっと詳しく知りたい方は、「不思議なメダイ」の本もぜひ読んでみてください。

サンパウロ京都宣教センターなど
210円（税込）

修道院のお菓子や雑貨を買いに。京都編

修道院製のお菓子やジャム、バターが並ぶ

タキノ酒店　京都市中京区錦小路通烏丸東入ル元法然寺町 691　075-221-0976
9 時〜19 時（土曜は 16 時まで）日・祝日休修道院製のお菓子はもちろん、スペインのミサ用ワインなども販売されています

店頭に「修道院製　クッキー」という看板があるように、ここでは半世紀以上も前から修道院製のクッキーやジャムが販売されています。その素朴でやさしい味わいや、いながらにして全国の様々な修道院のお菓子が購入できることが口コミで評判になり、遠方からわざわざ足を運ぶお客さんも。取材時も、キャリーバッグを提げた観光客らしき人たちが次々とこの店を訪れていました。

『俵屋』の美しく、おいしいおみやげ

旅館やホテルに宿泊したとき、そこに用意されていたタオルやスリッパ、石鹸の使い心地に惚れ込んでしまい、これを買って帰ることができたら……と思うことがあります。そんな夢を叶えてくれるのが「ギャラリー遊形」。

ここには、俵屋で実際に使われている石鹸、陶器、お茶、干菓子など、使っているときの気持ちだけではなく、その後の記憶も美しいものにしてくれる、そんな上質な商品が並んでいます。

Tawaraya オリジナルハーブキャンディ 80 g 399円。トラピスト安心院の聖母修道院製。黒糖、バター、ハーブなどを使い、祈りの生活のなかでていねいに作られたキャンディです。パッケージもすてきで、贈り物にもぴったり
京都市中京区姉小路通麩屋町東入ル姉大東町 551　075-257-6880
10 時〜19 時　第 1、第 3 火曜定休（4、5、10、11 月は無休）

様々な祈りのかたちに出合う

サンパウロ京都宣教センター　京都市中京区河原町通三条上ル下丸屋町423　075-256-9678　10 時半から 18 時半（日曜は 16 時半まで）火曜・祝日休

カトリック河原町教会の北隣、河原町通に面した場所にあるのが「サンパウロ京都宣教センター」。店内には、キリスト教関係の書籍のほか、修道院製のポストカードやろうそく、メダイ、ロザリオ、御絵、マリア像など、たくさんの宗教雑貨がそろっています。また、奇跡のメダイセットなど、サンパウロ京都宣教センターオリジナル商品も。

マザーテレサ賞をとった東京カルメル会修道院のシスターによるクリスマスカード
1 枚 221円

修道院で、自分へのご褒美を

クリスチャンではないけれど、
マリア様は憧れ。
修道院の売店で、
自分のためのおみやげを買いました。

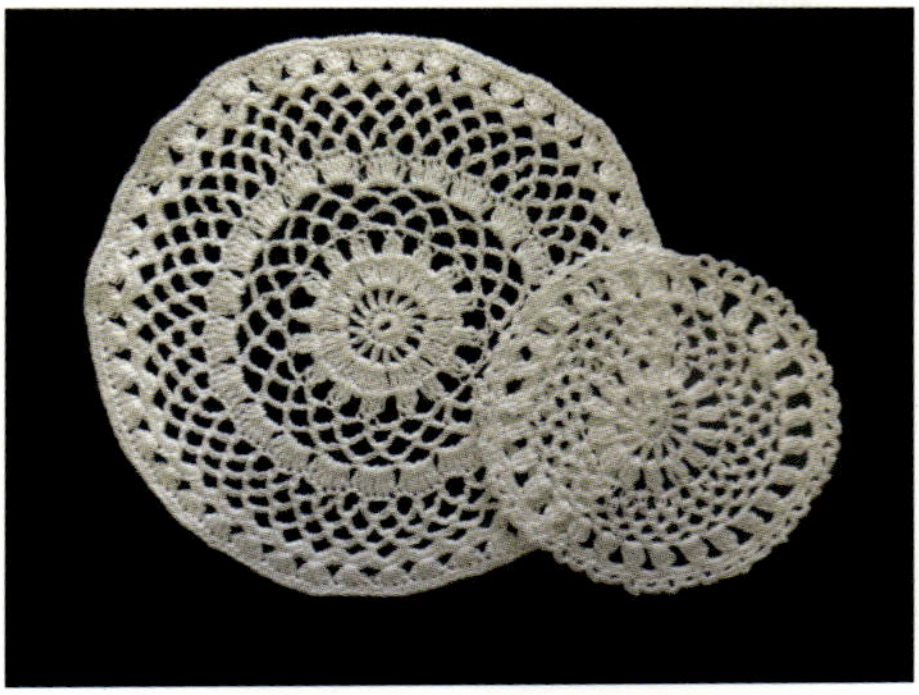

J

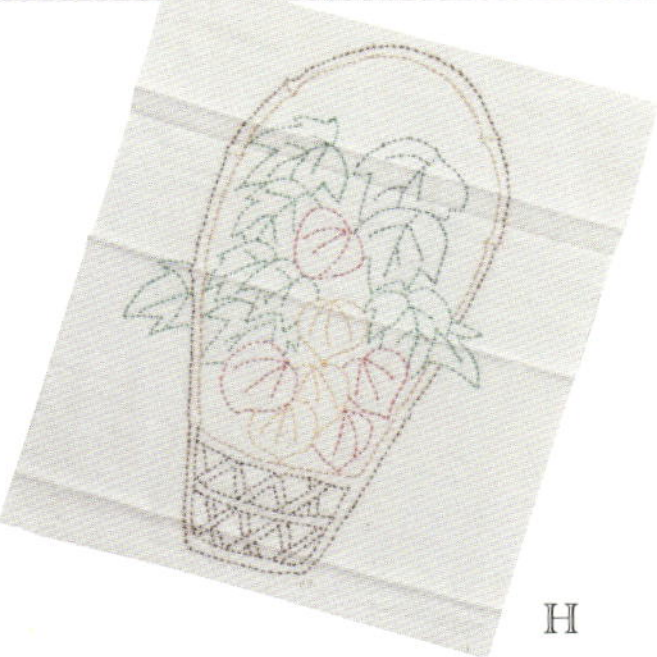

H

今宵、天使が
舞い降りてきそうな宝物を。

L

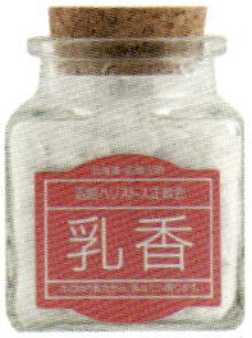

K

M

O

N

A シスター手作りのベール　十勝カルメル会修道院　6500円位から　B マリア様のメモ帳（参考商品）C シスター手作りの蜜ろうそく　天使の聖母トラピスチヌ修道院　400円　D ステンドグラスの天使　桜町聖ヨハネ祭（参考商品）E シスター手作りのロザリオ入れ　十勝カルメル会修道院　360円　F ロザリオの祈りの奇跡のエピソードが書かれた手帳（この中にロザリオが入っています）光明社　945円　G シスター手作りの小さな木製のロザリオ　650円　京都カルメル会修道院　H シスターによる刺し子の布巾（個人所有）　J シスター手編みのドイリー（個人所有）K ギリシアの修道院の修道士によって製造された貴重な乳香　函館ハリストス正教会　1,500円　L ブレスレット　400円（個人所有）　M シスター手作りのロザリオ　1100円　西宮カルメル会修道院　N シスターの聖歌CD 天使の聖母トラピスチヌ修道院　1,500円　O シスター手作りのお手玉（個人所有）　P 不思議のメダイ　十勝カルメル会修道院 50円

※修道院の売店には、シスター手作りのもの、輸入ものなど、様々な商品が並んでいますが、常時同じものが販売されているわけではありません。そのときにしか出合えない雑貨も並びます

修道院製のスリッパ

山口カルメル会修道院

「手をかけた細かい作業に
万感の祈りをこめて、
日々お捧げしております」

「カルメル会からの手紙」より

山口県の修道院のシスターによって、三十年以上も作り続けられているスリッパをご存知でしょうか。

わずかな注文でスタートしたこのスリッパ、その丹念な手仕事が口コミで評判になり、いまでは「一度履いたらもう手放せない」というファンも多く、自分のためだけではなく、プレゼント用に買い求める人も多いそうです。

山口カルメル会修道院でスリッパが作られるようになったきっかけは、雑誌で紹介されていたハンガリー製のスリッパ。この写真を見たシスターの「こんなスリッパを作りましょう」という提案から始まったのですが、当時は十分な材料も手に入らず、毛布を使ったり、デザインをあれこれ工夫したりと、試行錯誤の日々でした。

しあわせな履き心地のスリッパ

特別に、その仕事場を見せてもらいました。作業棟にある部屋は、裁断、縫製など、仕事内容によって分けられていて、それぞれの部屋では、静かな時間のなかで作業が進められていました。「神は細部に宿る」といいますが、細部に至るまで手を抜くことのない、ていねいで細やかな手仕事風景は、神々しくさえ思えました。

できあがったスリッパを履いてみると、厚手のフェルトが底に使われているせいか、想像していたよりもしっかりとしています。なのに、柔らかな弾力があり、厚手のウール地が足にほんわり暖かい。シスターの指のぬくもりや思いが伝わってくるような、しあわせな履き心地です。

ワンピースや巻きスカートに合わせてもかわいい。ロールアップ・ジーンズにだって間違いなく似合うはず……。そんなふうに、部屋時間の楽しみがふくらむスリッパ。履き心地がよくて、暖かくて、足をすっぽり包んでくれるスリッパ。履くだけで気持ちをやさしくしてくれる魔法のスリッパ。大袈裟ではなく、これ以上のものを思い浮かべられないくらい、機能的で素晴らしいスリッパです。

静かな山のなかの修道院では、今日も布に寄り添い、祈りをこめて、スリッパが作られていることでしょう。

山口カルメル会 教会の母マリア修道院
山口県山口市仁保中郷103

男性用はM.L.2L.3Lの4種類。
2000円〜3000円。
女性用はS.M.Lの3種類。
1600円〜2000円。
注文は、サイズ、個数、男性用か女性用かを
明記の上、Faxまたは葉書で。
Fax: 083-929-0268
※原則として柄・色の指定はできません

修道院のポストカード

修道院や教会の売店では、修道院製のポストカードやメッセージカードが販売されています。

修道院の風景写真、シスター手描きによるもの、貼り絵をあしらったものなど、たくさんの種類があります。

心にとまった一枚を選び、修道院時間をそっと添えて、大切な人に葉書の一通でも。

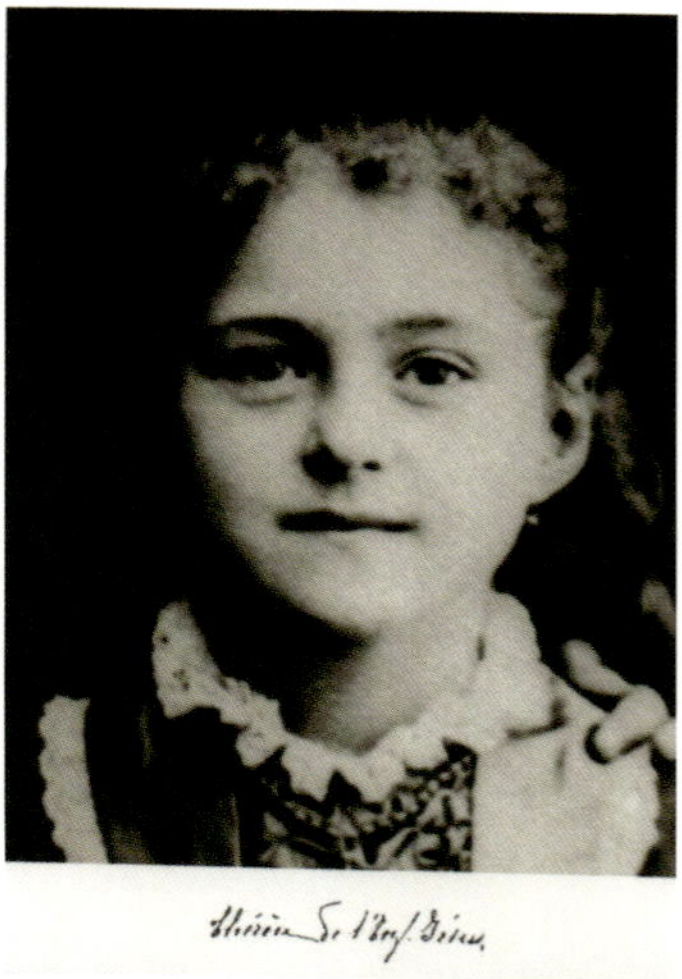
①

②

④

③

⑥

⑤

⑨

⑦

⑧

⑩

⑪

① ポストカード「幼きイエズスの聖テレーズ」より ②「幼きイエズスの聖テレーズ」ポストカードセット6枚入り300円 西宮カルメル会修道院 ③ ポストカードセット5枚入り253円 伊達カルメル会修道院 ④ ポストカード 外部聖堂ステンドグラス（カルメル山の聖母）伊達カルメル会修道院 ⑤ ポストカード「畑の草取り」修道院での生活が垣間見える1枚 1枚100円 天使の聖母トラピスチヌ修道院 ⑥ 聖血礼拝会 聖ヨセフ修道院製のメッセージカード（封筒付）1セット150円 修道院の敷地に咲く花を描いたやさしい雰囲気のカード。メッセージが書かれたものも。⑦ 修道院に敷地に咲くすみれを押し花にしたメッセージカード（封筒付）1セット200円 京都カルメル会修道院 ⑧ 修道院の敷地に咲く草花をシスターが1枚ずつ手描きしたメッセージカード（封筒付）。1セット200円。京都カルメル会修道院 ⑨「マリアさまのメッセージカード」 シスターが切り絵で版を作り、1枚1枚色をつけた手作りのカード（封筒付）1セット200円 十勝カルメル会修道院 ⑩ ⑨と同じく、手作りのカード（封筒付）すみれの花は手描き。1セット200円 十勝カルメル会修道院 ⑪ シスターによるちぎり絵のメッセージカード（封筒付）1セット250円 安心院の聖母修道院

＊シスター手描きのポストカードやメッセージカードなどは1枚1枚がその時々のオリジナル。いつも同じものがあるとは限りません

右上）絵付け作業をするシスター・マダレナさん
下右）クリスマス３点セット　2000円
左下）釉薬がかけられたマリア像
伊万里の聖母トラピスチヌ修道院

美しき伊万里ブルウ
ただそこにあるだけで、空が広がり、海が広がる。

imari blue

一九六六年に横尾龍彦画伯の指導により始まった伊万里の聖母トラピスチヌ修道院での陶芸品作り。以来、伊万里の陶土を用い、シスターによって、ひとつひとつ手作業で作られています。

　そのひとつ、「クリスマス三点セット」を窓辺に飾っています。丸みを帯びたやさしいフォルムと表情、伊万里ブルウと呼びたいような美しい色合いが本当にすてきで、手に乗るほどの小さな人形なのに、心に空が広がり、海が広がります。このブルウを纏ったやさしい姿はまた、日常のなかで、自分自身の心と対置する、静かで平和な時間を与えてもくれました。

　ただ、そこにあるだけで、人の気持ちや日常をときめかせてくれる小さな手仕事の豊かな広がり。それは、シスターからシスターへ受け継がれ、ひと筆ひと筆を大切にしながら、心をこめて描き続けられてきた修道院の時間の広がりでもあるのでしょう。

　この陶芸品の愛らしい姿を眺めていると、陶芸室で絵付けの作業をしていたシスターの姿がそこに重なります。そして、やわらかな日差しに包まれて作業をしていた彼女のやさしい表情と、その姿に触れて、大切な人にギュッと抱きしめられたような気持ちになった修道院の午後のことを、懐かしく思い出しました。

シスター手作りの雑貨

Sister's zakka

修道院の売店を訪ねると、そこにはお菓子だけではなく、祈りをこめてていねいに手作りされた雑貨が並んでいます。いつも同じものが並んでいるわけではありません。でもそれだけに、その時々の贈り物を手渡されたような思いにしてくれる、すてきな出合いがあるのです。

ここでは、そんなシスターの手作りによるものを集めてみました。

最高の治療薬とは「喜び」。
そんな言葉を思い出しながら。

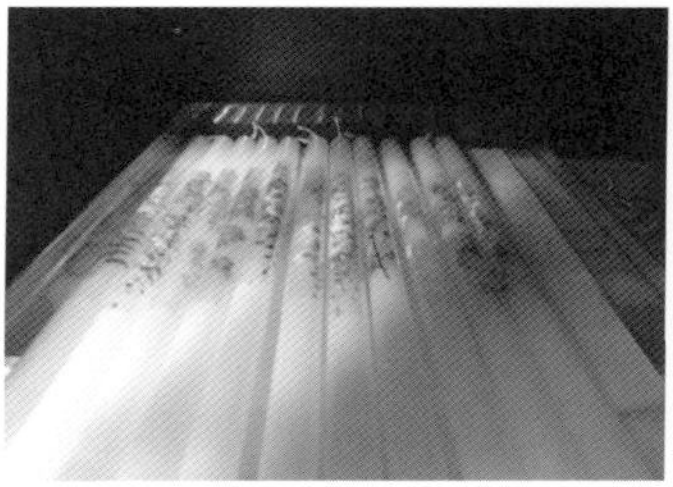

美しい絵が描かれた手作りろうそく。ミサ聖祭用、復活祭用、押し花ろうそくなど、たくさんの種類のろうそくが作られています。西宮カルメル会修道院

足をすっぽりとあたたかく包んでくれる手作りの室内履き（布製）5000円〜
シトー会西宮の聖母修道院

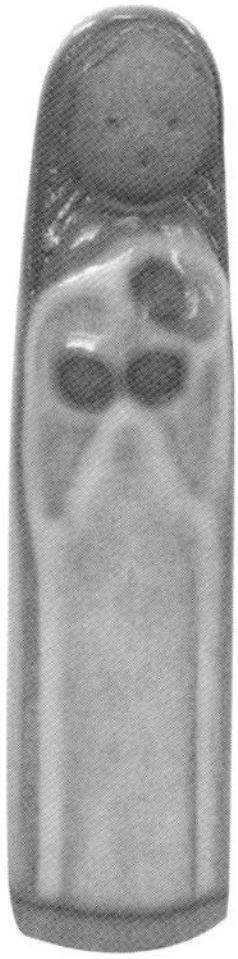

小マリア立像（11センチ）
やさしい表情のマリア像。
1500円　シトー会伊万里の聖母トラピスチヌ修道院

手作りのロザリオ　1000円
京都カルメル会修道院

手編みの帽子
1個 1000円
シトー会西宮の聖母修道院

フランスから仕入れた材料を使い、手作りしたロザリオ。京都カルメル会修道院

聖なるカード 御《ご》絵《え》

レースに縁取られたもの。
ルルドの聖水をイメージさせる清らかなデザインのもの――。
御絵にはたくさんの種類があり、
持っているだけで、美しい気持ち、
何かに護《まも》られているような気持ちになります。

部屋に飾ったり、大切なものを持ち歩くようにバッグやノートにしのばせて、心に響く一枚として使ったり。

メッセージを書いたり、ポストカードに仕立てて、気持ちを伝える小道具として使ったり。

御絵は、信心を強めるひとつのアイテムとして作られた、イエス様やマリア様や聖人たちを描いた絵のこと。十字架や御像と同じように、これを通じて神様を観る役割として扱いますが、御絵そのものが信仰の対象物ではありません。信仰のための尊い媒介をしてくれるもの、といえるのかもしれません。

← キャンドルや クリスマスの
飾りも、光明社ならではの セレクト。
…本は専門的なものから
子供向けの絵本まで
いっぱいです！
おすすめの一冊をトマさんに
きいてみましょう。

フランシスコ修道院のお店

札幌に光明社というフランシスコ修道院のお店があります。修道院のお菓子・バター・奇跡のメダイ・ロザリオ・絵本やキリスト教書などが販売されています。イラストレーターの花房葉子さんに、ご紹介いただきました。

そういえば婚約指輪も夫が「光明社」で見つけたものでした。
「GLORY; HONOR LIGHT OF GOD」と刻印された
シンプルなデザインがとても気に入っています。
光明社にあるものには豪華さはありません。
その代わりにおだやかな美しさを思わせるものが数多くあるのです。

フランスやイタリア、ドイツからやってきた聖人のメダイや、
御絵、マリア様の御像、そして十字架。
聖書の言葉が入ったグリーティングカードなど、普通のお店では
お目にかかれないものもたくさんあります。わからないことは、
トマさんやいづみさんに何でも聞いてみましょう！

清貧をモットーとするフランシスコ会のお店らしく
質素でありながら心が豊かになるような品々。
あなたの暮らしのなかに
そんなものを取り入れてみませんか。

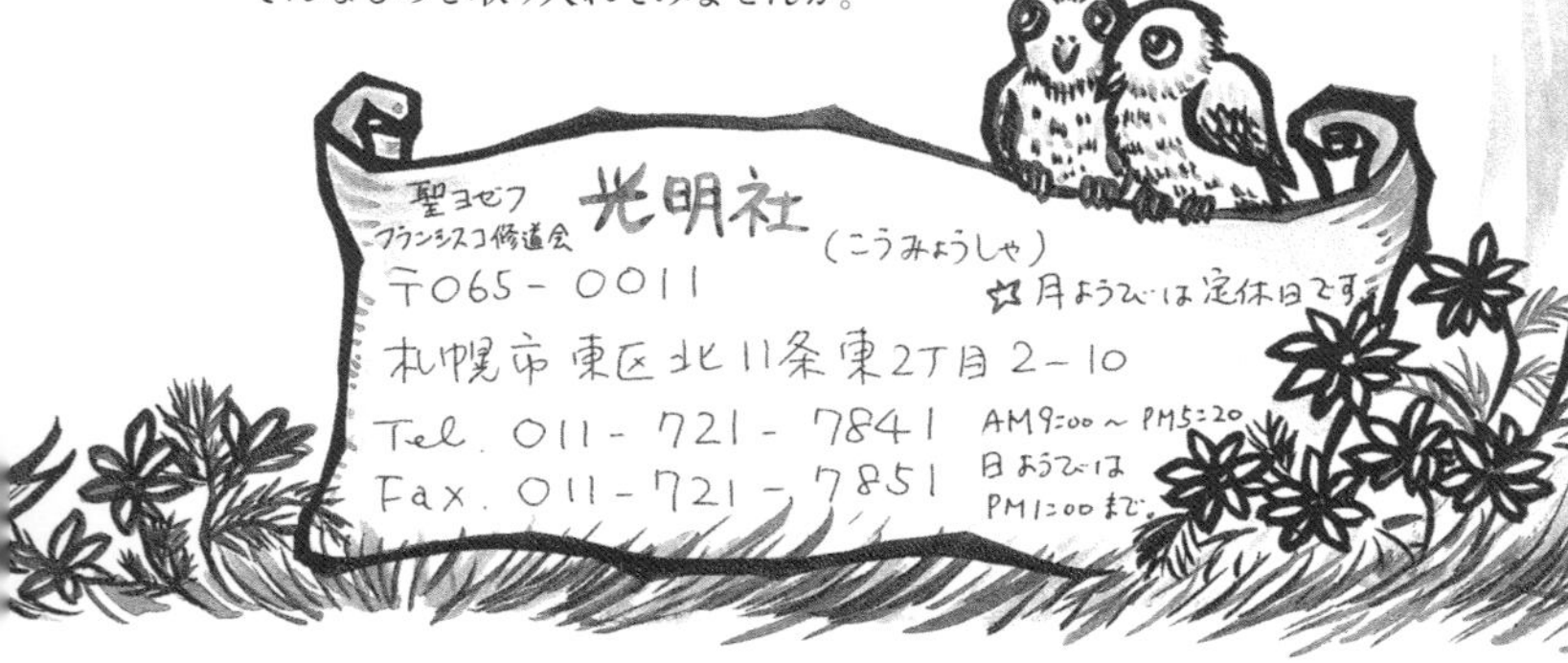

私の大好きなお店「光明社」は
カトリック北 11 条教会と天使幼稚園に
はさまれている、小さな小さな
静かなお店です。

キリスト教関係の本や雑貨がぎっしりつまった店内に入ると……
隣接する聖ヨゼフ・フランシスコ修道会のトマ修道士さんと、
光明社のおしゃれなおねえさん、いづみさんが、
やさしい笑顔で迎えてくださいます。
教会関係の本のほかにも、美しい絵本や教会音楽の CD
なども充実。イースターやクリスマスのシーズンには、
ちょっとしたプレゼントにぴったりの
グッズやカードも多数並べられています。

子羊のマスコット
フェルト製の本と
通園バッグも
付いています！
羊モチーフのものは
他にもいろいろあります。

なかでも私のお気に入りは
日本各地の修道院で心をこめて作られた
おいしいお菓子の数々です。
ガレットやクッキー、チョコレートなど、
どれもホッとするような素朴な味。

私はこれらを小さな箱に詰め合わせにして結婚式のときの引き出物にしました。ささやかだけれど、誰もが笑顔になるような印象的なプレゼントになったのはうれしい思い出です。

いつも身につけている
「不思議のメダイ」も
「幼きイエズスのテレジア」
のメダイも光明社で
みつけ
ました。
私のロザリオは
オリーブの木で
できたシンプルな
デザイン。

Yoko et Yasunori

修道院の紙もの
POLSKA GR 20
Trappist LISA hand made
函館トラピスチヌ修道院
TRAPPIST
Imari Trappist
CARMEL 福岡
Redemptor クッキーズ Cookies
マコロン 手やき Galettes カルメル
Gaufrettes カルメル
包装紙
IMARI TRAPPIST
Trappistines. HaKodate
HAND MADE TRAPPIST 西宮
天使園
Christmas USA 15c
Homemade CARMEL
品名 ガレット菓子
原材料 小麦粉・砂糖・卵黄・バター・天塩 ベーキングパウダー
製造元 (宗)シトー会 西宮の聖母修道院 兵庫県西宮市甑林寺町3-46 TEL 0798-71-8111
高温多湿を避け常温で保存ください なるべく早くお召し上がりください

Almond
アーモンド
手作り
ガレット・ショコラ
恵みと祝福がありますように
函館 トラピスチヌ修道院
Trappist Galette
Homemade
Trappist
Ajimu
安心院トラピスト
トラピスト クッキー
大分
HOKKAIDO
Carmel
伊達カルメル会修道院
CESKOSLOVENSKO
80h
シール
TRAPPIST
宗教法人 お告げの聖母
トラピスト修道院製菓工場 謹製
〒879-1509 大分県速見郡日出町大字南畑3350-7
製薬工場TEL (0977) 67-7523
ホームページ http://www.coara.or.jp/~trappist/
ESPAÑA
HAND MADE
修道院製クッキー/和洋酒・食品
タキノ
TEL 075-221-0976~7
FAX 075-221-0977
定休日 日・祝日
カルメル
Charlotte
シャルロット

'Confectionery and Handicrafts of Convents and Monasteries'
Column

修道院製のオリーブ油石鹸

olive soap

与那原第二修道院
沖縄県島尻郡与那原町上
与那原 323-1
098-946-2344

自然乾燥なので、天気、湿度、温度の関係で、注文してから発送までに時間がかかることもあります。
EM オリーブ油石鹸尿素入
（110g）250円
オリーブ油石鹸 EM 活性液入り
（220g）300円

「この石鹸は、本当に必要な方だけに原価でお分けしているのです」

沖縄の修道院で石鹸が作られていることを知って問い合わせたときに応対してくださったシスターの言葉です。

実は、取材をとおしてシスターと出会うなかで、まったくのノーメイクなのに、その透き通るように白く美しい肌に驚き、秘訣を知りたいと思っていました。でも、「特別なことは何も」という答えが返ってくるばかり。多分、本当の秘訣はとてもシンプルなこと。何もつけない。そして、満ち足りた精神、規則正しい生活、季節に添った食事、そうしたことがベースにあってのことと思い至ったのですが、さらに知りたいのが人情。

で、この石鹸です。この修道院で石鹸が作られるようになったのは二〇〇五年のこと。地域のグループに誘われて石鹸作りを学んだことがきっかけでした。その後は自家用として、EM液や尿素を入れ工夫を重ねて現在のレシピに。「よろしければお使いください」とお裾分けをしているうちに石鹸の良さが認められ、分けてくださいという声が多くなったのだそうです。

修道院生活のためではなく、あくまでも環境保全のための奉仕として作られているというこの石鹸は、思いやりとやさしさに満ちた気持ちのよい使い心地。肌も心もピカピカになる気がしました。

修道服について

nunnery's habit

伊万里の聖母トラピスチヌ修道院

白いワンピースのような修道服は、トニカと呼ばれている。裾のデザインがすてき

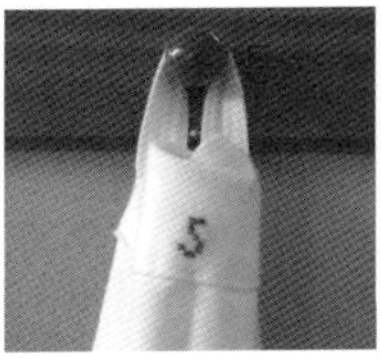

聖堂での祈りの前に、白いククラを身につける。それぞれのククラには、イニシャルのクロスステッチ刺繍が施され、どのシスターのものかがわかるようになっている

シスターたちは各自番号を持っていて、トニカにはその番号が入った刺繍が施されている

黒いスカプラリオの下に身に着けている白いトニカは、外出や労働の際には、グレーのトニカに着替えるそうだ

カルメル会修道院

「私たちは聖母の衣を身につけているのですから、その深い謙遜にせめて幾分なりともあらかろうと努めようではありませんか。」

—聖テレジア（完徳の道13章）

修道服は、修道会によってその色やデザインなどに違いがありますが、ここでは西宮カルメル会修道院の修道服についてご紹介します。

●修道服には、夏服、合服、冬服があります。デザインは同じですが、素材が変わります。また、修道服の色は、カルメル会では、茶色。聖テレジアによるデザインがベースになっています。

●その呼び名も、修道院によって違いがありますが、腰の部分をベルトで締める長い服は、フランス風にアビ（habit）と呼ばれています。

●アビの上には、スカプラリオを身に着けます。スカプラリオはマリア様の衣。その人が聖母に捧げられた者であることのしるしでもあります。

＊既婚者が指に嵌《は》める結婚指輪のようなもの、と考えるといいかもしれません。

●荘厳誓願《そうごんせいがん》を立てたシスターだけが黒いベールを被ることを許されます。ベールの下に身につける白い頭巾のような布は、トックと呼ばれています。

●修道服は、裁縫の得意なシスターが仕立てます。また、綻《ほころ》びなどの修繕もシスターの手で。ていねいに、大切に扱われます。

'Confectionery and
Handicrafts of
Convents and Monasteries'
Column

修道院のお菓子箱

繊細なデザインのチョコレートが入っていたピンク色の箱。シスターのイラストがデザインされた箱。修道院のシールが貼ってあるだけのシンプルな箱。クッキーやチョコレートが入っていた缶……。修道院のお菓子が入っていた箱には、とんがり屋根やアーチの窓、そんな修道院の佇まいの欠片《かけら》がひらひらしていて、どれもが特別。だから、ひとつひとつの箱を大事にしまっています。

実をいうと、外国の修道院の凝ったデザインのパッケージに比べると、日本の修道院のそれはシンプルで素朴。時にそっけないほど。でも、こうした箱のひとつひとつをシスターや修道士たちがていねいに折って組み立て、この中にお菓子を詰めている静かな風景を想像すると、お菓子を味わったあとも大切にしまっておきたい、そんな気持ちになり、小さなメッセージカードやボタン、落ち葉や貝殻、ビーチグラスなどを入れて、大切に持っているのです。

開けたり閉めたりを何度繰り返しても、まるで「開けゴマ」の魔法のように、初めて開けたときの感動やそのなかに入っていたお菓子のデザインの美しさ、包まれていた紙をはがしたときに立ちのぼった香りのことなどを懐かしく思い出させてくれる小さな箱たち。眺めていると、きれいな言葉や美しい装幀の詩集を見つけたときのようなときめきに包まれ、香しい時間が始まります。

言葉の贈り物
——修道院の小さな紙もの

修道院のお菓子の箱のなかには、小さくて楽しい、紙ものが入っています。

そこには、修道院のインフォメーションだけではなく、心あたたまるメッセージや聖書の言葉が書かれています。実はこれ、大切に受け取り、味わっていただきたい、修道院からの言葉の贈り物なのです。

また、クリスマスの時期には、クリスマスならではのカードやシールに出合えることも。

聖書のことば

疲れた者、重荷を負う者は、誰でも　わたしのもとに来なさい。
休ませてあげよう。
—マタイ１１章—

万一不都合がありましたら、下記までお問い合わせ下さいませ。
819-0163　福岡市西区今宿上ノ原３番地
福岡カルメル会修道院
TEL 092-807-7361　FAX 092-807-7502

祈りの家

修道院では、世界の平和と人々の幸せを
祈りながら、日々働いています。
伊都の里山で果樹、野菜、薬草を育て、
神様の恵みと大地の実り、祈りと
労働の実を皆様と分かち合えればと願い、
お菓子、季節のジャム、ハーブティーに
いたしました。
すべては神様の愛と慈しみの賜物。

Merry Christmas

福岡カルメル会修道院

Special Made Cakes

(鹿児島空港より車で10分)
TEL 0995−58−2316

Merry Christmas

福岡カルメル会修道院

お菓子のしおり

トラピスト安心院の
聖母修道院

Ajimu Trappist

奥深い山の木々にひっそりと囲まれ、安心院トラピストでは修道女の祈りと労働がささげられています

この小さな手作りの焼き菓子も皆様のくつろぎのひとときに神様の恵みをもたらすならば幸いでございます

トラピスト安心院の聖母修道院
〒872-0723大分県宇佐市安心院町萱籠1180
TEL:(0978)48-2711 FAX:(0978)48-2766

ばら（サマーモルゲン）

群れないとわかり…
小さい足を一生けんめい
上げましょう
神様はたまらなくなって
ご自分で降りて来て
抱き上げて昇ってくださるでしょう
（リジュの聖テレーズ）

北海道伊達カルメル会

シトー会 伊万里トラピスチヌ修道院
〒848-0032 佐賀県伊万里市二里町大里甲1-41 Tel:0955-23-8223 fax:0955-23-8965 http://www.imari-trappistines.org

皆様の上に恵みを祈りつつ
心をこめて焼き上げたクッキーを
お届けいたします。

万一不良品がございましたら、お買上げの月日、店名をご記入のうえ、送料着払いで当修道院までお送りください。お取りかえいたします。

遠いむかし
聖地パレスチナの美しい山
カルメル山で朝夕祈りつつ
神に仕えていた人々の輪が
少しずつ広がり
今では全世界に散在する
カルメル修道会
その女子修道院の一つが
北海道伊達市の静かな郊外で
きょうも清そな白い塔から
鐘の音をひびかせながら
祈りの時を告げています
"神に栄光
人々に平和"と。

いつも
喜んでいなさい
絶えず
祈りなさい
どんなことにも
感謝しなさい

聖書・テサロニケへの
第一の手紙5章

カルメル・ゴフレット
京都市北区大北山鏡石町一―一
（宗）カトリック・カルメル修道会　謹製
TEL〇七五（四六一）一九七六番
FAX〇七五（四六一）九五九二

カルメル
ゴフレット
ベルギー風

十勝平野のかなた
日高の山並を仰ぐ
幕別の小高い丘
雑木林にかこまれて
静かにたたずむ
カルメル会修道院

北海道のぶどうとりんごの
味と香りを運ぶ
さわやかなゼリー……

当修道院の製品には
ぶどうゼリー
りんごゼリー
袋　入　３ケ入、２ケ入
箱　入　９ケ入（ぶどう６、りんご３）
６ケ入（ぶどう３、りんご３）
がございます。

冷蔵庫でよく冷して召しあがるといっそう
美味しくいただけます。

十勝カルメル会修道院
北海道中川郡幕別町字日新十三―五十九
TEL 〇一五五―五六―二五四一

Est-ce un galet,
une galette ?
Ma foi, je n' en sais rien
Mais pourquoi
se casser la tete ?
Mangeons, nous verrons
bien !
galette 食べない？
え！**galet**（小石）を
食べるんですって
そんなに考えていないで
まあ 食べてごらん！

京都らしい絵柄の栞。表紙もメッセージも、様々な種類が用意されています。

シトー会那須の聖母修道院のトラピストガレットには、こんな楽しいカードが同封されていました。

Confectionery and Handicrafts of Convents and Monasteries
Column

シスターからシスターへと受け継がれた伝統のアップルパイ

純心アップルパイ　秋の純心祭の書道部模擬店で販売されている。飾り付けのハートのマークはマリア様の心を表しているという。売り上げは「日本ユニセフ協会」「純心大学東日本震災ボランティア」などに寄付している
長崎純心大学　095-846-0084（代）

apple pie

大村湾を見下ろす「恵みの丘」と呼ばれる一帯にある長崎純心大学。ここで受け継がれ、作り続けられている伝統のアップルパイがあります。

このアップルパイの物語は、一九四九年、アメリカ・ペンシルバニア州の大学に留学した故シスター・酒井ミヤ子さんが、帰国の際、そのレシピを持ち帰ったことに始まります。その後、長崎純心聖母会のシスターからシスターへとそのレシピは受け継がれ、鹿児島、東京、長崎へと広がってゆきました。分量や作り方は、場所によって少しずつ違うそうですが、口にすると、たくさんの記憶の断片が甘酸っぱい味と共に甦《よみがえ》る……そんな特別なお菓子として、それぞれの場所で愛され、受け継がれています。生地のなかにはきっと、貴い記憶や思いが幾層にも練りこまれているのではないでしょうか。

純心大学で作られているのは、アメリカ式の練りパイで仕上げたクッキーのような食感の生地を使い、縁をフリルで仕上げるアップルパイ。たっぷり入ったりんご、三回に分けて丹念に塗られたりんごの蜜がそのおいしさの秘密です。

「恵みの丘」が秋色に染まる十月、「純心祭」に向けて、アップルパイ作りが始まり、大学の調理室はおいしい匂いに包まれます。そして、焼きあがった「純心アップルパイ」は、純心祭の模擬店に並ぶのですが、その美味しさゆえ、整理券を出すほどの人気。関係者でもなかなか手に入らない幻の味です。

シフォンケーキ

Chiffon Cake

材料（パウンド型３個分）

薄力粉　200g
砂糖　200g
ベーキングパウダー　2g
塩　2g
サラダオイル　100g
卵黄　２、３個
水　100g
エッセンス（バニラ、レモンなど好みで）
卵白　200g
粉ミルク　20g

1. ボールに薄力粉、砂糖、ベーキングパウダー、塩を入れ、ふるい合わせる（2回位）。
2. サラダオイル、卵黄、水に加えたバニラオイルと、ふるいにかけた粉ミルクを１に加え、木しゃもじでなめらかになるまで合わせる。
3. 卵白を固く泡立てる（指で卵白に触れてみて、角がピンと立つくらいまで）。
4. ２の生地に３の卵白を徐々に加えてゆき、卵白の泡をつぶさないようにサックリ合わせる（練らないように）。
5. オイルを塗らない型に４を流し、170 度のオーブンで 30 分焼く。
6. 竹串を挿してみて何もつかないようなら焼きあがり。すぐにお皿の上などに逆さにかぶせるようにして置き、冷ます。
7. 完全に冷めてから型の周りにナイフを入れ、逆さにして型抜きをする。

卵を攪拌《かくはん》する手法は修道女が考案したという説もあると『修道院のお菓子』（丸山久美著、地球丸）に書かれていましたが、これは、山口カルメル会修道院で焼かれているシフォンケーキのレシピです。

Point　卵白を泡立てるボールは、水気、油気のないものを使用する。
卵白と卵黄を分ける際、卵白のなかに卵黄が混ざらないようにする。

レシピ提供：山口カルメル会修道院
P21のレシピです。

Confectionery and Handicrafts of Convents and Monasteries' Column

森のなかの修道院で、修道女が手作りする奇跡のようなフルーツケーキ

fruite cake

季節はずれの雪が降った四月のある一日、森のなかの静かな修道院でこのフルーツケーキを口に入れたとき、昔読んだクリスマスの物語を思い出しました。
「おやまあ、フルーツケーキの支度《したく》にかかるにはもってこいのお天気だよ！」

この言葉を合図に支度に取りかかり、たくさんのフルーツケーキが焼きあがると、何とはなしに心惹《ひ》かれた人たちにそれを贈るという心あたたまる物語。このなかに描かれている、しっとりとウイスキーを吸わせたフルーツケーキはきっとこんなふう、そう思わせるすてきな味わいです。

歴史あるレシピと敷地内の果樹園からの恵みを使って焼きあげられるこのフルーツケーキ、干し葡萄《ぶどう》、胡桃、オレンジピールなどをふんだんに使い、洋酒をたっぷり吸いこんでいるからでしょうか、手にすると、どっしり重く、ワックスペーパーをはがすと、ふわっと洋酒の香りに包まれます。

小さな修道院で、人々の幸せと平和を祈りながら、修道女たちが焼くフルーツケーキ。修道院の庭から森へ、風に乗っておいしそうな匂いがただよい始めたら……、それが大分カルメル会修道院の「フルーツケーキ日和」です。そんな奇跡とも思える出来事が、今日も、修道院のある森のなかで。

大分カルメル会のフルーツケーキは、１本1000円。注文は電話かFaxで。
注文を受けてから焼くので、数日のゆとりを持って予約を。Tel・Fax: 0975-83-3393

修道院のおいしい贈り物

お菓子だけではありません。修道院にまつわるおいしいもの、いろいろ。

赤紫蘇をリンゴ酢に漬けて作った赤紫蘇酢。爽やかな酸っぱさが食欲をそそります。
200ml 400円
福岡カルメル会修道院

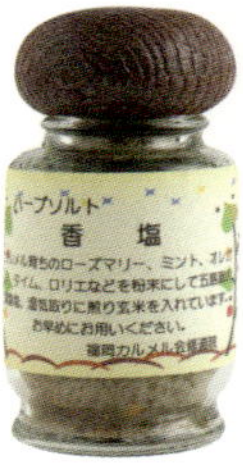

五島灘の精製塩にカルメルの丘育ちのローズマリー、ミント、オレガノ、タイム等の粉末を混ぜたハーブソルト（香塩）
ひと瓶 350円
福岡カルメル会修道院

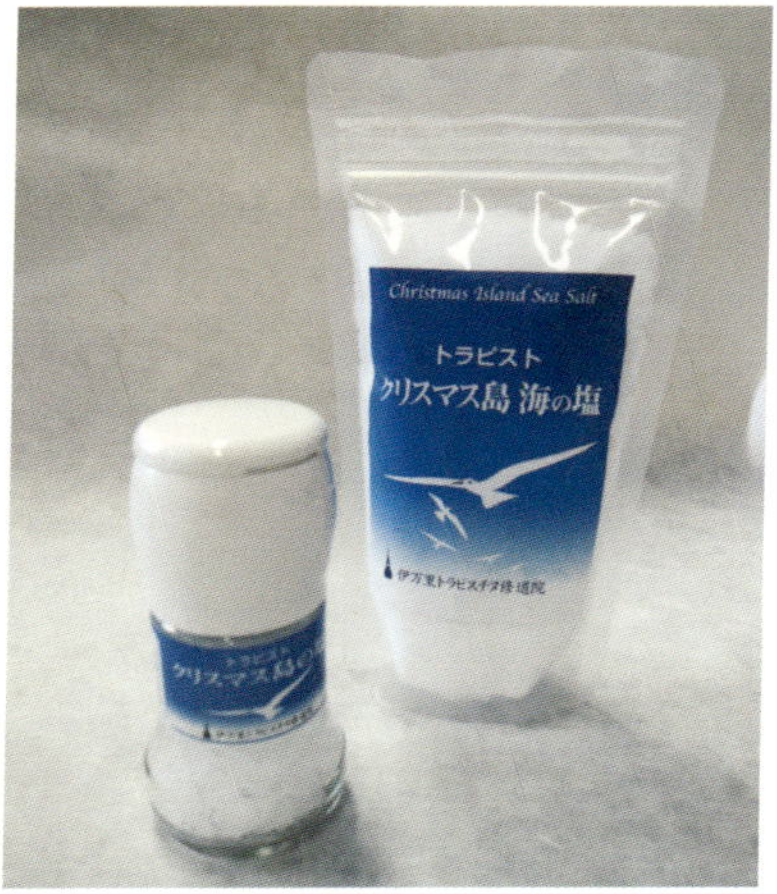

海水のミネラルをふくんだ、ガラパゴス諸島の西 7000 km にある赤道直下の絶海の孤島、クリスマス島の塩。水晶のように美しく透明な自然天日塩の結晶は、まさに神様からの贈り物。左：ミル入り 60g（クリスタル）1000円　右：粉末 250g 800円
伊万里の聖母トラピスチヌ修道院

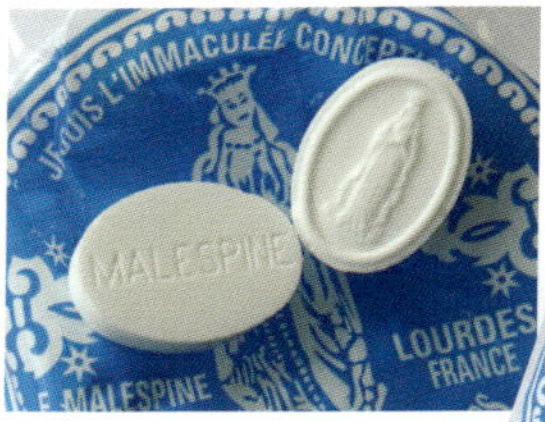

ルルドの聖水で作ったミント・キャンディ 1袋 250円
クオーレ

ルルドの水
1パック 100円〜　クオーレ

鎌倉 カトリック雪ノ下教会売店『クオーレ』
神奈川県鎌倉市小町 2-14-4　Tel: 0467-22-2064　月曜・祭日休
10時〜16時（日・火は14時まで）
※季節によって変動する場合があります。売店では、ロザリオ、メダイ、御絵、ルルドから直輸入のルルドの水やキャンディ、鎌倉レデンプトリスチン製のクッキーが販売されています

11. 切り落とした生地を丸めて薄く延ばし、飾り用の抜き型で、梅の花、木の葉、ハート型などに抜く。上面に模様を兼ねて8等分になるようにフォークで空気穴を開け、型抜きした生地を貼り付ける（りんごの蜜を薄く塗るとはずれない）。

焼く

12. オーブンは200度にあたためておき、11を鉄板に乗せてオーブンに入れる。

13. 上火、下火の強さを中にして30分、全体が薄茶色になるまで焼く（素焼き）。

14. オーブンから取り出して上塗り液（卵黄と牛乳を1対2）をていねいに塗る。

15. 170度に下げたオーブンに戻し、8〜10分焼く。取り出してりんごの蜜を塗り（1回目）、オーブンに戻して5分焼く。

16. 再びオーブンから取り出し、りんごの蜜を塗り（2回目）、もう1度オーブンに入れて約5分焼き、最後の焼き色をつける。全体が好みの焼き色になったら取り出し、仕上げの蜜を塗る（3回目）。

17. 冷ましてできあがり。

純心アップルパイ用りんごジャム

Apple Jam

材料（アップルパイ大1個分）

紅玉　中4個（大なら3個）
砂糖　りんごの正味重量（皮を剥いて切った重さ）の40%

1. りんごは縦4つ割りにして芯を取り、皮を剥く。塩水に浸け、ザルにあげ、厚さ6mmのいちょう切りにする。

2. 鍋にりんごを入れ、砂糖を3回ぐらいに分けて入れ、両手で鍋をふってリンゴ全体に砂糖をまぶす。

3. 強火にかけ、時々鍋をふってりんごを上下入れ替える（1分ごとに3〜4回）。りんごの汁が出てきたら蓋をして少し煮る。時々木べらでりんご全体を大きく混ぜ、均等に煮えるようにする。汁がたっぷり出たら、鍋肌についている砂糖を木べらで拭い、よく溶かす。

4. 沸騰したら火を少し弱め、アクを取り除き、全体が黄色（冷めたら黄金色）になるまで煮る（崩れない程度）。

5. 火を止め、急冷する（扇風機を使うと良い）。このとき、かき混ぜないこと。冷めたらジャムをザルにあげて汁をよく切る。煮汁はひとたぎりさせ冷ます。

レシピ提供：長崎純心大学
コラム（P108）のレシピです。

純心アップルパイ

Junshin Apple Pie

材料（大１個分 23cm）

薄力粉　200g
ベーキングパウダー　2.4g
砂糖　3.5g
塩　1.2g
マーガリン（無塩）　100g
牛乳　50g
シナモン　少々
上塗り液（２種類）卵黄１個に牛乳 20 ～ 30cc を混ぜる
りんごの蜜（煮汁）

パイ生地（成形・焼く）

1. 大きめのステンレスボールに、薄力粉、ベーキングパウダー、砂糖、塩を入れ、全体を軽く混ぜて２回ふるう。マーガリンを薄力粉の中に入れ、スケッパーなどを使い、小さく砕いて粉とよく混ぜる。最後は指先でマーガリンをつぶしながら粉とよく混ぜ、サラサラの状態にする。

2. １の中央に牛乳を一気に入れ、周りの粉をふりかけるようにして徐々に牛乳となじませ、少しずつこね、手につかなくなるまで、押すようにこねる。

3. なめらかになったら形を整えてビニール袋に入れ、冷蔵庫で２時間以上休ませる。

成形

4. パイ皿にサラダ油を薄く塗り、パイ生地は 180g ずつ丸めておく（生地用とカバー用の２個）。

5. シートの上に少量の打ち粉をし、生地と麺棒にも粉を少しつける。

6. シートの上にパイ生地のひとつを置き、丸く厚みが均等になるように麺棒で伸ばしていく。パイ皿より周囲が 2.5cm ほど大きい円に伸ばす。

7. 麺棒に伸ばした生地を手前に向ってクルクルと巻きつけ、パイ皿の手前のほうに置いて巻き戻し、パイ生地をパイ皿の上に広げる。パイ生地とパイ皿のあいだの空気を抜きながら、底の部分の生地をきっちりと敷き詰め、フォークで十数ヶ所を軽く突き刺して空気穴を開ける。

8. 500g ～ 550g のりんごジャムを約３分の１入れて広げ、すき間がないように敷き詰める。残りのジャムを２～３回に分けて入れ、中央を少し高くなだらかにし、シナモンを適量ふりかける。縁の部分にりんごの蜜（りんごの煮汁をひとたぎりさせて冷ましたもの）を薄く塗る。

9. カバー用のパイ生地を６と同じように伸ばし、７と同様にして８にかぶせる。ただちになかの空気を押し出すようにして生地をジャムに密着させ、縁の部分もよく押さえる。

10. 左の手のひらにパイ皿を持ちあげ、はみ出た部分をパイ皿の下側に折り曲げ、肉ナイフなどで縁にそって余分な生地を切り落とし、縁飾りをつける。

※純心アップルパイの場合、親指を使って適当な間隔で縁を押さえ、波形のフリルを作る。

旅先で出合ったマリア様

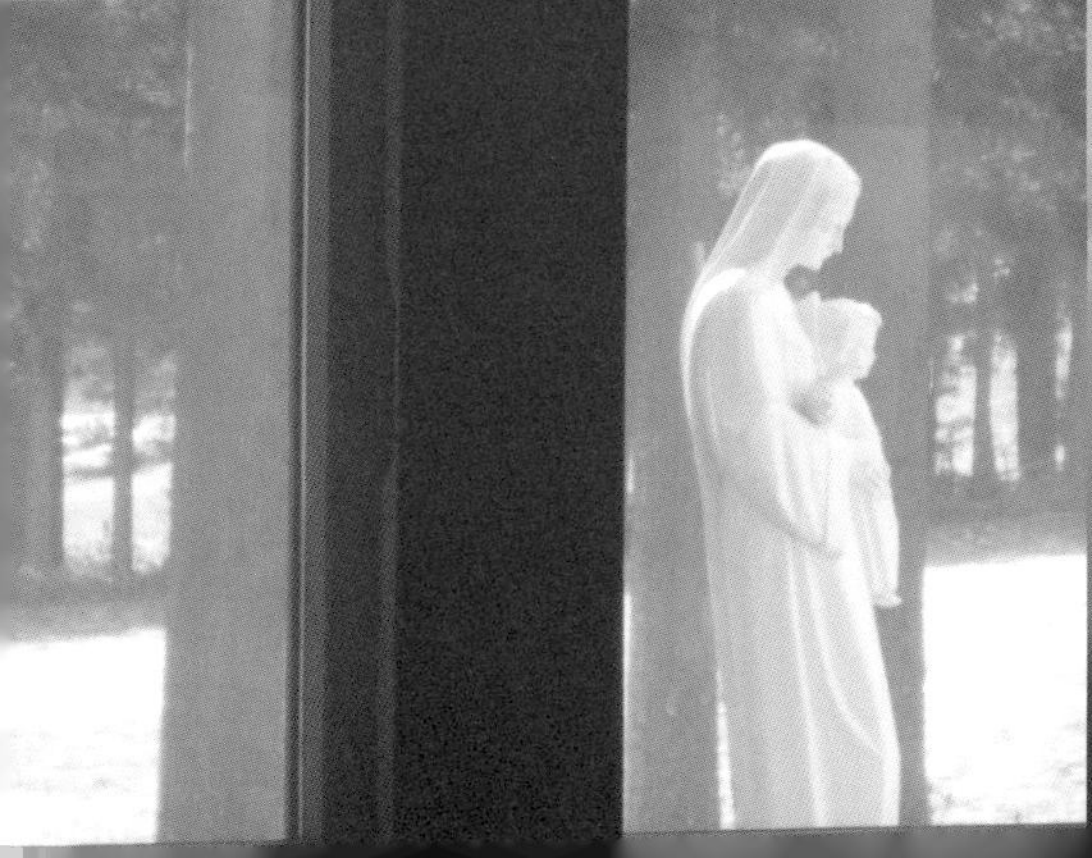

蒼《あお》きいのちの祈り

絵と文　おのちよ　1600円（税込）　大和出版

絵本作家のおのちよさんが、16歳のとき療養していたマリア院での暮らしを記録した絵日記。少女ならではの感性がとらえた北海道の修道院での日々が美しい水彩画と文章で描かれています。

修道院のお菓子

丸山久美著　1400円　地球丸

材料もシンプルで作るのも簡単なスペインの修道院のお菓子。そのレシピと写真で構成された美しい本。お菓子を作っている修道院や、お菓子のパッケージについての情報もうれしい。

修道院へようこそ

ペーター・ゼーヴァルト編　ジモーネ・コーゾック著
島田道子訳　1400円　創元社

修道院ライブラリーの1冊。女子編集者がドイツの修道院に滞在して、シスターたちの指導のもと、健康で価値ある人生を送るための方法を学んだ記録。

BROTHER CADFAEL'S HERB GARDEN

Rob Talbot & Robin Whiteman
Little,Brown and Company

テレビドラマにもなった修道士カドフェル・シリーズ。彼が15年かけて作りあげた修道院付属の薬草園を美しい写真とイラスト、原本からの引用文で再現した本。ハーブの使い方の解説も。

修道院からの贈り物　クリスマスを楽しく

女子パウロ会編　1500円　女子パウロ会

修道院のシスターたちが心をこめて手作りしたクリスマスの料理やお菓子のレシピ、ツリーやリース、オーナメントの作り方、そして、この日にちなんだ思い出を語るクリスマス・ストーリーズ……。シンプルだけど心あたたまる修道院からの贈り物をどうぞ。

神のさすらい人 アビラの聖テレサ

マルセル・オクレール著　福岡カルメル会訳
4500円　サンパウロ

2015年に生誕500周年を迎えるアビラの聖テレサ。イエス・キリストを信頼し、修道院の創立と改革に尽力した聖テレサの生涯を、あますことなく綴った一冊。その生涯は実に感動的です。

修道院の医術

ペーター・ゼーヴァルト編　ルーツィア・グラーン著
島田道子訳　1400円　創元社

人の感情と体の組織との密接な関係、魂の住処としての体の労り方など、体と心の癒し方を教えてくれる本。収録されている野菜とハーブの効能は必読です。

人生をやわらかに生きる対話

雪原に朝陽さして

曽野綾子　高橋重幸著　1300円　青萌堂

作家と函館トラピスト修道院神父との心あたたまる往復書簡集。この本をとおして修道院での生活を知ることができるのはもちろん、示唆に富んだ言葉が、どのように生きるかという深いメッセージとして心に響いてきます。

フラガ神父の料理帳 スペイン家庭の味

セサール・フラガ　池田宗弘画　ドン・ボスコ社
2000円

フラガ神父が、オードブルからデザート、食後酒まで、故郷スペイン・ガリシア地方の家庭料理をそのエピソードと共に紹介する1冊。復活祭やクリスマスなどの特別料理も収録。カトリックコーヒーのレシピも。

すみれノオト　松田瓊子コレクション

松田瓊子　早川茉莉編　河出書房新社　3200円

わずか23歳で夭逝した作家・松田瓊子の『サフランの歌』をはじめ、単行本未収録の小説、日記、短歌、エッセイなどを収録。敬虔なクリスチャンとして神の意に添って生きた瓊子の作品からは、生きる喜びが伝わってきます。

フランスの薬草治療家 モーリス・メッセゲ自伝

神は私に薬草と奇跡をさずけた

モーリス・メッセゲ著　高山林太郎訳　婦人生活社
1350円

フランスの薬草治療家、モーリス・メッセゲの自伝。全編にただよう草木の香りと詩情が奇跡の薬草の世界へと誘ってくれる1冊。「私には守護の天使がついていてくれただけではありません。修道院全体がうしろ盾になってくれたのです」というメッセゲ氏の言葉が心に残ります。

＊特に記載のない場合の表記は税抜きの価格です。このなかで取りあげた本の中には絶版のものもあります。また、本文中に価格表記のないものは参考本です。ご了承ください。

修道院の本棚

Bookselfe

魂の薬箱

修道女スタイル

プロジェ・ド・ランディ著
1600円　双葉社

修道女やとんがり屋根の教会、ロザリオ、マリア様や天使に憧れる乙女ならぜひ持っていたい。メダイや修道院のお菓子、教会やその周辺の情報も美しい写真と共に紹介されています。

トラピスト男子修道院写真集

写真　山口博
特別価格 1500円（当時は 5500円の限定版）弘告社

灯台の聖母トラピスト大修道院の売店だけで買うことができる 1979年発行の写真集。修道院のパン作り、聖なる図書室や祈りの時間など、公開されることのない修道士の日常を収録した貴重な写真集です。

天使の聖母トラピスチヌ修道院

写真・著　野呂希一　2900円　青菁社

禁域といわれる神聖な囲いのなかは、修道女以外立ち入ることのできない場所。そこには戒律を守りながら修道院生活を続ける修道女の神の愛に満たされた明るく心地よい暮らしがあります。

ヒルデガルトのハーブ療法

ハイデローレ・クルーゲ著　畑澤裕子訳
2500円　フレグランスジャーナル社

ドイツの薬草学の祖・聖女ヒルデガルトによる「神の薬箱」であるハーブを用いた植物療法を現代向けにアレンジし、58の症例別にアドバイスした１冊。

ルーマニアの森の修道院

Norica Panayota 著　1300円
産業編集センター

500以上もの修道院があるというルーマニア。自然のなかにぽつんと建つ修道院の建築美、絵と音楽に魅せられた著者のマニアックな修道院紀行。修道院に宿泊するための手続き方法は必見。

'Confectionery and Handicrafts of Convents and Monasteries'
Column

サンタ・マリア・ノヴェッラ 石鹸の包み紙

海を渡って届いたパリに住む友人からの手紙。封を開けると、ふわっと花の香り。彼女からの手紙が纏う、いつもの香りです。

アンティークレースの切れ端やカードなど、彼女からの手紙には、いつも何かしらのロマンティックのひとひらが同封されているのですが、そうしたサプライズが香りに包まれて現れたときのうれしさ！

手紙が包まれている紙が、世界最古の薬局として八百年もの歴史を持つ、フィレンツィエにあるサンタ・マリア・ノヴェッラの石鹸の包み紙だということに気づいたのは、何年も経ってからのことでした。そして、手紙を開封するたびに私を魅了する香りは、石鹸の残り香なのでした。

そうと知って、改めてその包み紙を眺めてみると、アイリスの絵が地模様に描かれたすてきなデザインです。ギリシア語で「虹」を意味するアイリスは、フィレンツィエの百合と称されるほど人々に愛され、市の紋章にも使われているそうですが、肌の健康と柔軟性を保つという効能もあり、ジャスミン、ローザ、ビオレッタ、カーネーション、ガーデニアといった花々と共に、この石鹸の処方のなかに使われています。

実はそれまで、手紙を書くときのお気に入りは、チョコレートの包み紙でした。外国製のチョコレートの包み紙は手紙を書くのに頃合の大きさで、香りもすてき。チョコレートレターを受け取った友人たちからは、「おいしそう」とすこぶる好評だったのですが、石鹸の包み紙を使うというのは、美しい詩のような処方。いつか読んだ随筆で出合った詩の一句、「薔薇風細一簾香」という床しい漢字の連なりを思い出し、心がゆるやかにほどけてゆきました。

簾《すだれ》を揺らす微風が吹いてきて、薔薇の香りがかすかにただよってきた……詩句が呼び覚ますそんな楚々《そそ》とした香り。それは私にとって、修道院の薬草療法ならぬ手紙療法なのでした。

芳醇な香りが立ちのぼる「香料の顔寄せ」のような紙に包まれた手紙。手に取り、その残り香のなかで読んでいると、アイリス色の風が立ち、心のなかいっぱいに花の香りが広がる手紙——。

一通の手紙が、いつか映画で観た遠い異国へ招いてくれるかもしれません。

福岡カルメル会修道院

修道院写真館

Convents and Monasteries Photo

伊万里の聖母トラピスチヌ修道院

山口カルメル会修道院

伊万里の聖母トラピスチヌ修道院

伊万里の聖母トラピスチヌ修道院

天使のTweet

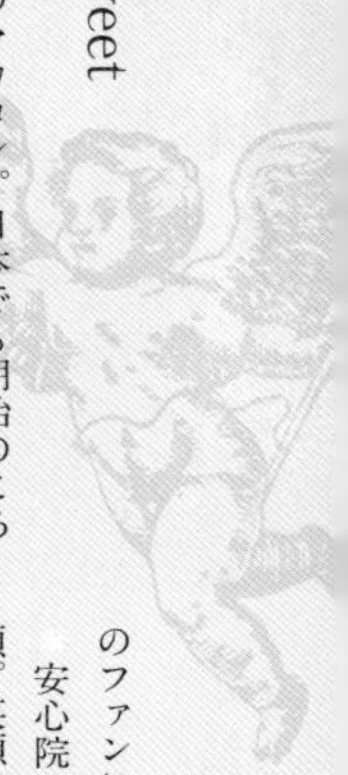

修道院由来のマカロン。日本でも明治のころから食べられていたようで、森鷗外の子どもたちの好物は「青木堂のマカロン」だったと森茉莉さんがエッセイに書いています。

山口カルメル会修道院にお願いしていたパンが届きました。丸型のパンと食パンと。パンプキンスープと共に食事パンとして味わいました。おいしかった！

伊万里の聖母トラピスチヌ修道院に向かう電車のなかでシスターを見かけました。電車のドアのそばに立ち、静かに本を読む姿が映画のワンシーンのよう。すてきな光景でした。

電車が伊万里に近づくころ、窓から見た空の雲間から光のカーテンが。天使の梯子に巡り合った瞬間でした。

誰にもその日の天使がついていて、それは花のかたちで現われることが多い、と熊井明子さんのエッセイにありました。今日の私の天使は、サンタ・マリア・ノヴェッラのアイリス。

西宮のカルメル会修道院で、ワインボトル一本分の手作りの紫蘇ジュースをいただきました。美しいルビー色の飲み物はすてきな夏の贈り物。

安心院の聖母修道院でいただいたフルーツケーキのおいしかったこと！　すっかりその味のファンになりました。

安心院の修道院のシスターの青空のような笑顔。笑顔は光る、という言葉を思い出しました。

伊万里の聖母トラピスチヌ修道院でいただいたお昼ごはん。どのお料理も本当においしかったのですが、分けても、手作りのドレッシングの味が忘れられません。

一日限定の修道院カフェを京都市左京区のカフェ日杳《ひより》で開きました。この日のお客様第一号は、グレーの修道服に身を包んだシスターでした。

多治見の修道院に注文したワインが届きました。そのラベルのすてきなことといったら！　宝物になりそうです。

毎年秋（11月）に多治見修道院で開催されている『多治見修道院ワインフェスタ』。多治見修道院ワインをはじめ、世界の修道院ワインが味わえるそうです。

山口カルメル会修道院のスリッパを家族で愛用しています。そのあたたかさ、履き心地の良さ。もう手放せなくなりました。

山口カルメル会修道院でいただいたお昼ごはん。用意されていた野菜のおいしかったこと！　食事のあと畑に案内していただき、そのおいしさの秘密がわかったような気がしました。

大分トラピスト修道院の敷地内ですみれの花を見つけました。青空の色を写し取ったような花びらの美しさ！

古書で見つけた『西洋雑貨案内2』（春山行夫　平凡社カラー新書）の冒頭のエッセイは「修道女の木靴」。昭和十二年当時の函館の女子修道院のシスターが履いていた木靴について書かれています。

京都カルメル会修道院に向かう近道の階段の周辺の景色の美しさ。茶色の落ち葉が敷き詰められていて、この階段のことをひそかに「チョコレートの道」と呼んでいます。

向田邦子さんの「ベルギーぼんやり旅行」の中の「七色ビール篇」にあった一文。〝修道士はビールをつくり、女はレースを編む〟（『向田邦子全集第二巻　文藝春秋』より）

シトー会西宮の聖母修道院へ向かうには、鷲林寺のバス停で降ります。そのバス停そばのカフェテラス、Ascocendaでは、西宮の聖母修道院のジャムやクッキーが販売されています。

その季節になったら忘れずに注文を、と思っているお菓子。それは、福岡カルメル会修道院で、一年のうちの数ヶ月だけ（春〜初夏のころ）焼かれているカップケーキです。

鹿児島空港からタクシーに乗って、聖ヨセフ修道院を訪ねました。お目当ては、レターレ（タルト）とショートブレード。残念ながら取り寄せはできません。でも、これを買うためにだけ鹿児島にいく用意が私にはあります。

＊表面に聖句が書かれている「みことばサブレ」を銀座の教文館のエインカレムで見つけました。ここでは安心院の聖母修道院ののど飴や那須の聖母修道院のトラピストガレットなど、修道院のお菓子も販売されています。

＊修道院の売店を訪ねると、そこに並んでいるお菓子や雑貨に心がときめきます。ときには、一期一会ともいえる手仕事ものとの出合いがあります。手作りのものには一点ものも多くあり、それだけに宝物を見つけたような気持ちになるのです。

（早川茉莉）

＊天使の聖母トラピスチヌ修道院に行くには、五稜郭タワー・トラピスチヌシャトルバスが便利。ただし四月から十月末まで運行。函館駅前からトラピスチヌ前まで。運賃二百五十円（二〇一三年現在）

＊天使の聖母トラピスチヌ修道院の前にある市民の森。売店の「北海道ソフトクリーム」はミルクたっぷり。シャトルバスに乗ったら、割引券をぜひゲットして。割引価格で召しあがれます。

＊山下りんさんのイコン画を見たくて、函館に行ったらぜひ訪ねたいと思っていた函館ハリスト正教会。イコン画が素晴らしい。

＊五稜郭公園電停から少し歩くとツタのからまる趣のあるホテル「シエナ」があります。その一階にある「十二ケ月」は絶対寄りたい。センスのいい雑貨や洋服やアクセサリーが。ギャラリーも併設。

＊天使やかわいいものが大好きなら、ぜひ訪ねたいのが「十二ケ月」に行く途中にある「bless you」。お店に一歩入ると、まるで妖精の国に迷いこんだよう。レースやお花をモチーフにした世界にひとつだけのバッグが、手仕事の素晴らしさを教えてくれます。

＊取材できなかったのですが、ヨハネ祭で買った「ジャパニーズマドンナ」のクリスマスカード。かぐや姫のような着物を着た長い髪の女性が幼子を抱いています。これは、調布にあるカルメル会の八十歳を越えたシスターの作品。世界のマザーテレサ賞を受賞された人気のカードです。修道院に行けば全作品あるそう。サンパウロ京都宣教センターなどでも一部買えます。

＊十勝カルメル会修道院に行くには、帯広からタクシーが便利です。

＊帯広に泊まるときは、季節外れの北海道ホテルがお勧め。象設計集団が造ったこのホテルに昔から憧れていました。今回は、三月の平日でとってもお得なプランで宿泊。ラウンジから見えるふくろうの彫刻やホテル内の礼拝堂は、十字架の向こう側がガラス窓になっていて、夜はとても幻想的です。

＊旅行先で必ず寄るのが本屋さん。地元誌が大好きです。最近はおしゃれなミニコミが増えて楽しい。長崎では、「ナガサキリンネ」買いました。刺激がもらえます。

＊イタリアの修道院のレシピで作られるハーブティーなど、自然の恵みたっぷりのナチュラル製品を販売する「アイ・モナステリー」―修道院にて―。ラベルはさすがイタリア。どことなく中世の匂いと厳かな雰囲気がただよう店内。神戸の元町にあります。

＊ロザリオは、「バラの花冠」を意味するのだそうです。聖母マリアに祈りを捧げるとき、祈った回数を確かめるために使います。五十個の珠に十字架がついている形のものが多く、祈りのひとつひとつを一輪のバラとみなし、バラの花輪を編んでいるように指先で繰りながら唱えることから名付けられました。

＊移動祝祭日とは、その年によって異なる祝祭日のこと。復活祭はそのひとつで、「春分の後の最初の満月の日の次の日曜日」というふうに決まっています。

（柊こずえ）

おわりに

「人は誰でも、天から一通の手紙を授かっている。そこには、その人の天職が書かれている。それをひらく時が、いつかは必ず来ます」

この言葉は、本を読んでいて思わず書き抜いた言葉です。

編集者になって十数年たったころ、私の心のなかに囁《ささや》くような声が聞こえ始めました。編集という仕事が大好きだったのに、「何かほかにやるべきことがあるような気がする」と。でもそれが何なのか、わからないでいました。

そんなころ「エメラルド水」に出合ったのです。

「……食べ物の横の棚に、きれいな薄緑色の液を入れたガラス瓶が山と積まれていた。

Eau d'Emeraude（エメラルドの水）という素敵な名前の薬草エキスだ。ベネディクト派のノートルダム・デュ・カルヴェール修道院で、15世紀の調合法に従って作られたもの。」

（『幸せなフランス雑貨』稲葉由紀子著より）

この文章の何が私の心をこれほどまでに惹きつけたのか。「薬草エキス、ベネディクト派、修道院……」これらの言葉に、心の底の何かが共鳴しました。

振り返ってみると、私にとってエメラルド水は「天からの手紙」だったように思えるのです。エメラルド水に出合ってから「修道院の手仕事」に魅せられ、「いつか修道院の手仕事にまつわる本を書きたい」と思うようになったのですから。

さて企画から一年半を経て、ようやく本になりました。実は私は取材先で体調を崩してしまったことがありました。そんな私に、マリア様が見守る部屋であたたかく清潔に整えられたベッドを提供してくださったシスターの方々。

キリスト教には、「お客様の来訪、それはキリストの来訪」という教えがあるそうですが、私はこの取材でシスターの本当のやさしさとおもてなしを身をもって体験させていただきました。この場をお借りして、この本にご協力いただきましたすべてのシスターと修道士のみなさまに心から感謝を捧げたいと思います。

またこの本をデザインの力でこんなにも素敵に仕上げてくださった堀口さま、ありがとうございました。

憧ればかりで、いつまでたっても一歩が踏み出せなかった私の手を引っ張って『修道院のお菓子と手仕事』という船に一緒に乗せてくれた早川さん、重たい私が乗って、ちょっとバランスの悪い船のかじ取りをとってくださった、大和書房の丑久保和哉さん。お二人には感謝の気持ちでいっぱいです。

この本が読者のみなさま、おひとりおひとりの心に光を灯してくれることを祈って……。

柊　こずえ

一年前に京都からスタートした修道院を巡る旅。その旅の日々を思い出しながら、このあとがきを書いています。

最寄りの駅に着いたとき、はるか先にあった修道院。ところが、間近にその建物が見えるころになると、風景も風の匂いもゆるやかに変化し、修道院まで歩いてゆく時間のなかで、その転調に呼応するように、身も心も清められたような気持ちになる……。これが修道院を巡る旅のいつもの始まりでした。

修道院には一般の者の立ち入りが許されない「禁域《きんいき》」があり、たとえば修道院長様と話すときは、「結界《けっかい》」を隔てて向かい合います。修道院に辿り着くまでの道程《みちのり》の長さはこの境界に身を置くために必要なものであり、風景と心の転調はこのために必要な儀式だったのだと、訪ねるたびに思いました。

そうした体験をとおして、問いかけていたことがあります。便利であることが優先される時代ではあるけれど、不便であることの意味や味わいもあるのではないか。遠回りをし、時間をかけて知ったからこその理解や喜びもあるのではないか。そうしたことを私たちはもっと敬虔《けいけん》かつポジティブに受け入れてもいいのではないか——。

そんな思いのなかで何度も思い出し、心に重ねたのは、須賀敦子さんの作品でした。いま、こうして書きながら思い出すのもまた、「ひとりの人を理解するまでには、すくなくとも、一トンの塩をいっしょに舐めなければだめなのよ」で始まる、彼女のエッセイのこんな一文です。

「一トンの塩とおなじで、その襞は、相手を理解したいと思いつづける人間にだけ、ほんの少しずつ、開かれる」

(『塩一トンの読書』須賀敦子著・河出書房新社)

読み返すたびにそれまで見えなかった襞《ひだ》がふいに見え、そのたびに新しい発見がある古典のように、修道院の扉もまた、長い時間をかけて、少しずつ開かれてゆくものなのでしょう。それでも、修道院を訪ねた日々は、たくさんの貴重な贈り物を心に届けてくれました。この本が、そんな修道院からの福音《ふくいん》を、読者のみなさまに手渡してゆける一冊になれたらとてもうれしいのですが。

最後に。この本のなかで、すべての修道院をご紹介できたわけではありません。少量生産で、限られた人に届けることで精一杯……。そうした理由で、紹介を見送った修道院もあることを、この場を借りてお断りしておきます。

また、門外漢の私をあたたかく迎え入れ、快く取材に応じてくださった修道院のみなさまをはじめ、多くの方に支えられてこの本が生まれました。本当にありがとうございました。

早川茉莉

【沖縄】
聖マリアの汚れなき御心のフランシスコ姉妹会
与那原第二修道院
901-1302　沖縄県島尻郡与那原町上与那原 323-1
TEL.098-946-2344

※なお、本文中では、わかりやすさを鑑み、通称名などで表記している箇所があります。

参考文献

「木の十字架」(『堀 辰雄集　新潮日本文学 16』新潮社)
「ユルスナールの靴」(『須賀敦子全集〈第3巻〉』　河出書房新社)
「堀口大學全集 3」　小澤書店
『メッセゲ氏の薬草療法』　モーリス・メッセゲ著　高山林太郎訳　田中孝治監修　自然の友社
『フランスの薬草治療家 モーリス・メッセゲ自伝　神は私に薬草と奇跡をさずけた』
モーリス・メッセゲ著　高山林太郎訳　婦人生活社
『私の部屋のポプリ』熊井明子著　河出書房新社
『砂のように眠る　むかし「戦後」という時代があった』関川夏央著　新潮文庫
『貧乏サヴァラン』森茉莉著　ちくま文庫
「しげちゃんの昇天」(『遠い朝の本たち』須賀敦子著　筑摩書房)
「クリスマススの思い出」(『ティファニーで朝食を』トルーマン・カポーティ著　瀧口直太郎訳　新潮社)
「柘榴を持つ聖母の手」(『中里恒子全集　第十七巻』　中央公論社)
「不思議なメダイ　—聖母マリアへの9日間の祈り—」　ショーン・マリア・ライル編集　聖母の騎士社
『大手拓治　日本の詩』　ほるぷ出版
『四季のトラピスト』　北海道新聞社
『カルメル山の聖母　スカプラリオを理解するために』　ドン・ボスコ社
『今津教会 90年史』　日本基督教団今津教会
『天使の聖母　トラピスチヌ修道院』　野呂希一写真・著　青菁社
『幸せになる生き方』アレクサンドラ・ストッダード著　若林暁子訳　アルケミックス
『逆転　バカ社長』　栢野克己著　石風社
『幸せなフランス雑貨』　稲葉由紀子著　NHK 出版

協力
吉武勉／加藤わこ／木下津代美／石井良枝（のきさきや あずーろ）／ Café Watoto
長崎純心大学 / すみれ図書部／家具とアンティーク ANdo ／野崎泉／ Pete Sheppard
写真提供：西宮カルメル会 聖ヨゼフ修道院

*なお、本文中に記載の金額は販売価格です(2013年9月末現在)。また、修道院製の商品は、店舗によって代金が異なる場合があります。

この本で取りあげた修道院リスト

【北海道】
厳律シトー修道会 灯台の聖母トラピスト大修道院
049-0283　北海道北斗市三ツ石 392
TEL: 0138-75-2139

厳律シトー会 天使の聖母トラピスチヌ修道院
042-0914　北海道函館市上湯川町 346
TEL: 0138-57-2839

伊達カルメル会　イエズスの聖テレジア修道院
052-0002 北海道伊達市乾町 14-2
※お菓子は札幌の光明社でお買い求めください。

十勝カルメル会　幼きイエズス修道院
089-0574 北海道中川郡幕別町字日新 13-59
TEL: 0155-56-2541　FAX: 0155-55-6007

フランシスコ修道院　光明社
065-0011　北海道札幌市東区北 11 条東 2 丁目 2-10　TEL: 011-721-7841

【関東】
鎌倉レデンプトリスチン修道院
248-0006　神奈川県鎌倉市小町 3-10-6
TEL: 0467-22-3020

厳律シトー会 那須の聖母修道院
（那須トラピスト修道院）
329-3224 栃木県那須郡那須町豊原乙 3101
トラピストガレットの注文は、FAX または手紙にて。
TEL: 0287-77-1024
FAX: 0287-77-1033（製菓部直通）

【関西】
京都カルメル会 お告げの聖母修道院
（京都カルメル会修道院）
603-8481 京都府京都市北区大北山鏡石町 1-2
TEL: 075-462-6764　FAX: 075-467-2592

カトリック　シトー会 西宮の聖母修道院
662-0003　兵庫県西宮市鷲林寺町3−46
TEL: 0798-71-8111

西宮カルメル会 聖ヨゼフ修道院
（西宮カルメル会修道院）
663-8006 兵庫県西宮市段上町 1-8-33
TEL: 0798-51-2531

【中国】
山口カルメル会 教会の母マリア修道院
（山口カルメル会修道院）
753-0302 山口県山口市仁保中郷103
TEL: 083-929-0264　FAX: 083-929-0268

【九州】
カルメル会 カルメル山の聖母修道院
（福岡カルメル会修道院）
819-0163 福岡県福岡市西区今宿上ノ原3
TEL: 092-807-7361　FAX: 092-807-7502

カトリック　シトー会 伊万里の聖母トラピスチヌ修道院
848-0032　佐賀県伊万里市二里町大里甲 1-41
http://www.imari-trappistines.org/
商品は HP から購入できます。

カトリック　カルメル修道会（大分カルメル会修道院）
879-5514 大分県由布市挾間町七蔵司中台 1199-4
TEL・FAX: 0975-83-3393

厳律シトー修道会 お告げの聖母修道院
（大分トラピスト修道院）
879-1509　大分県速見郡日出町大字南畑 3350-7
TEL: 0977-67-7523　FAX: 0977-66-7938
http://www.coara.or.jp/~trappist/
商品は HP から購入できます。他の修道院の商品の取り扱いもあり。

トラピスト 安心院の聖母修道院
872-0723　大分県宇佐市安心院町萱篭 1180-3
TEL: 0978-48-2711　FAX: 0978-48-2766

聖血《おんち》礼拝修道会　聖ヨセフ修道院
899-6401　鹿児島県霧島市溝辺町有川107
TEL: 0995-58-2316　FAX: 0995-58-3118

Confectionery and Handicrafts of Convents and Monasteries

AUTHOR PROFILE

柊こずえ（ひいらぎ・こずえ）

編集者。

高校生のとき、1冊の本と運命的に出合う。

その本に導かれて、出版社で単行本の編集者に。

日常のなかに「妖精の国」への扉を探している。

喫茶店のモーニング研究家歴20年以上。

「修道院の手作りもの」愛好家でもある。

早川茉莉（はやかわ・まり）

編集者。『すみれノオト』発行人。

著書に『森茉莉かぶれ』（筑摩書房）、
編著書などに『吉沢久子の旬を味わう献立帖』（吉沢久子著）『玉子 ふわふわ』

『つらい時、いつも古典に救われた』（清川妙著）（以上　筑摩書房）、

『すみれノオト』（松田瓊子著）『エッセンス・オブ・久坂葉子』（以上　河出書房新社）、

『鴨居羊子コレクション』（国書刊行会）ほか多数。

Blog「カフェと本なしでは一日もいられない。」

http://blog.livedoor.jp/kyoto_cafe/

取材・執筆
・柊こずえ　P48 － P57、P64、P84、P88
・早川茉莉　P2 － P47、P72 － P81、P83、P86 － P87、P89、P92 － P93、P96 － P99、P102 － P113、P118
その他は共著

＊ 修道院には、大きく分けると、観想修道会と活動修道会があります。
本書では、一般社会から身をひき、祈りながら働き、働きながら祈る生活、沈黙と孤独のうちに神とともに生きる生活を送る観想修道会を取材しました。

修道院《しゅうどういん》の
お菓子《かし》と
手仕事《てしごと》

2013年11月1日　第1刷発行
2020年1月15日　第4刷発行

著者　柊《ひいらぎ》こずえ
　　　早川茉莉《はやかわまり》

発行者　佐藤　靖

発行所　大和書房《だいわしょぼう》
東京都文京区関口1-33-4
〒112-0014
電話 03-3203-4511

デザイン　underson
印刷　歩プロセス
製本　ナショナル製本

ISBN978-4-479-78266-7

http://www.daiwashobo.co.jp